Allitera Verlag

Mit finanzieller Unterstützung der
Sparkassen-Kulturstiftung Hessen-Thüringen
in Frankfurt am Main

NAGEL PROBE

42

Preisgekrönte Texte des Wettbewerbs
Junges Literaturforum Hessen-Thüringen
Herausgegeben vom Hessischen Ministerium
für Wissenschaft und Kunst

Allitera Verlag

Mai 2025
Allitera Verlag
Ein Verlag der Buch&media GmbH, München
© 2025 für die Anthologie: Buch&media GmbH, München
© 2025 für die Einzelbeiträge beim Hessischen Ministerium für
Wissenschaft und Forschung, Kunst und Kultur
Gesetzt aus der Helvetica Neue LT und der Sabon LT
Umschlaggestaltung: Feigenbaumpunkt, Arne Ciliox &
Jochen Schiffner
Satz: Mona Königbauer, Buch&media GmbH, München

Printed in Germany · ISBN 978-3-96233-509-0

Allitera Verlag
Merianstraße 24 · 80637 München
Fon 089 13 92 90 46 · Mail info@allitera.de
Internet www.allitera.de

Nagelprobe 42

Inhalt

2. Preis

---

3. Preis

Zart und radikal

Hier beginnt etwas.

Vor etwas mehr als zehn Jahren hat für mich hier viel begonnen. Damals saß ich bei der Preisverleihung des Jungen Literaturforums Hessen-Thüringen noch im Publikum, wie heute auch ihr. Ich hatte einen Text geschrieben. Mir war schwindelig vor Aufregung. Menschen, die ich nicht kannte, Mitglieder einer Jury, hatten diesen Text gelesen, und deswegen wurde ich in einen Theatersaal eingeladen – zusammen mit anderen, die ebenfalls geschrieben hatten und die viel weniger aufgeregt, viel mutiger, erfahrener, sicherer aussahen. Das war natürlich Quatsch. Wir alle waren aufgeregt. Manche von uns haben draußen viel zu viel geraucht, manche haben ein bisschen zu laut über jeden halben Witz gelacht, manche wurden still und haben erst einmal beobachtet. Die Aufregung der anderen Autor:innen zu erkennen, das habe ich erst in kommenden Literaturworkshops so richtig gelernt. Und diese Aufregung erkenne ich immer noch wieder, wenn ich Weggefährt:innen von früher auf Lesungen und Buchpremieren, auf Messen und vor Podiumsdiskussionen wiedertreffe. Am Lachen, Rauchen, Laut- oder Stillwerden verändert sich bei uns Autor:innen mit den Jahren nicht viel.

Bewusst sage ich das so: uns Autor:innen. Autor:in, das ist ein Begriff, der am Anfang einschüchtern kann. Ich habe lange damit gehadert, wann ich ihn für mich verwenden darf – deshalb verwende ich ihn heute hier für euch mit umso größerer Freude und Emphase. Ihr seid Autor:innen. Egal, ob ihr ab jetzt noch hunderte Texte oder keinen einzigen mehr schreibt: Eure Texte, die wir hier auszeichnen möchten, sind mehr als nur Geschriebenes, als aneinandergereihte Sätze oder Verse. Ihr habt mit ihnen ein Stück junge Literatur geschaffen.

Diese junge Literatur zeigt uns ihren eigenen Blick auf die Welt, gewährt uns neue Zugänge zu Sprache, die wir lieben.

Sie malt kanariengelbe Flecken in eine Rügener Landschaft, tastet mit Rhythmus und Wiederholung die Beziehung zwischen einer Mutter und einer heranwachsenden Tochter ab und erinnert uns daran, wie es ist, nebeneinander zu sitzen und den Regen im Gesicht zu spüren. Diese Literatur nimmt uns mit in Arbeitswelten: in Lagerhallen, hinter Theken und in Klassenzimmer. Sie zeigt uns Berührungen: ein Vater, der vor einer Baustelle die Hand eines Kindes drückt, zwei junge Menschen, die sich gegenseitig Eyeliner ziehen, und eine Frau, irgendwo zwischen Leben und Tod, die sich an einem silbernen Armreif und einer vergangenen Umarmung festhält. Und diese junge Literatur hat uns berührt.

An dieser Stelle danke an euch Autor:innen, dass ihr uns eure Texte anvertraut habt. Und danke an die anderen Mitglieder unserer Jury, Romina Nikolic, Franziska Wilhelm, Martin Knuth, Lennardt Loß und Martin Piekar: für die intensiven Gespräche, für den klugen Blick, den ihr den eingereichten Texten geschenkt habt. Für euren Respekt und für das beherzte Ringen um eure Favoriten. Es war mir ein Fest, mich mit euch auszutauschen und mit euch eine Auswahl an Preistexten zu treffen.

Leicht ist uns diese Wahl nicht gefallen. Euch Preisträger:innen gratuliere ich von Herzen!

Ich weiß aber auch, wie sich das anfühlt, das Nicht-Gewinnen – ich habe übrigens auch oft Preise nicht gewonnen oder eine Platzierung ist niedriger ausgefallen als erhofft. Dieses Gefühl kennen alle von uns Autor:innen, es gehört dazu. Ich wünsche mir, dass ihr heute etwas Mut mitnehmen könnt, um ihn später zu behalten – dass ihr weiterschreibt, wieder Texte einreicht, weiterlest, wenn es mal nicht klappt. Menschen in einer Jury sind, was sie sind: Menschen mit einem Geschmack, manchmal mit blinden Flecken oder eigenartigen Spleens. Ich wünsche mir, dass ihr den Moment findet, in dem ihr spürt: Jetzt erst recht! Dass ihr weiter an euren Texten arbeitet und uns und allen, die lesen, weiter euren Blick auf die Welt und euren Zugang zur Sprache zeigt.

Heute feiern wir es: Ihr habt richtig gute Texte geschrieben.

Danke an die Literaturförderungen Hessen und Thüringen, die jungen Menschen diese Bühne schenkt. Es tut gut, dass es eine Veranstaltung wie diese gibt. Es tut gut, dass sie Literatur wie dieser den Weg bereitet – jetzt und in Zukunft: Texten, die zart sind und radikal zugleich, die sich der Welt widmen und zugleich widerständig bleiben. Lesen wir sie, hören wir hin.

Im Mai 2025 *Grit Krüger*

1. Preis

Malak Aderounmu

ZUCKERWASSER MIT GESCHMACK

MAMAS ZIMMER ALS DURCHGANGSZIMMER ZU MEINEM
DAS BRUTZELN DER PLANTEIN IN DER PFANNE KLINGT
NACH REGEN
DIE LUFT RIECHT BABBISCH SÜ?
BEIM ESSEN KLEBEN DIE FINGER AN DER GOLDBRAUNEN
HAUT
MAMAS ZIMMER RIECHT SO WIE ES AUSSIEHT
NACH RUNTERGEZOGENEN ROLLÄDEN
GESCHLOSSENEN FENSTERN
ZUGEZOGENEN VORHÄNGEN
UND EINEM KÖRPER DER SO LANGE SCHLÄFT
DASS ER IRGENDWANN VERLERNT
WACH ZU SEIN
MAMAS ZIMMER ALS DURCHGANGSZIMMER ZU MEINEM
WENN ICH REINGEHE RIECHT ES NACH ROBB
WENN ICH REINGEHE MALT DIE TÜR DIE KRATZER AUF
DEM PARKETT AUS
WENN ICH DANN IN MEINEM ZIMMER BIN
IST DIE NASE ZWAR FREI ABER DIE AUGEN BRENNEN
UND ICH BIN FÜNF
ICH BIN FÜNF UND AUF IHREM BETT
IHR RÜCKEN ERSTRECKT SICH VOR MIR WIE EIN TAL UND
ICH HINTERLASSE
GANZ VIELE KLEINE HANDFÖRMIGE ROBBSPUREN AUF
SANFTEM BRAUNEN BODEN
JE ÄLTER ICH WERDE DESTO ÄHNLICHER SEHE ICH DIR
UND DANN HABE ICH ANGST ABER BIN MIR GLEICHZEITIG
SO VERTRAUT
MAMAS ZIMMER ALS DURCHGANGSZIMMER ZU MEINEM
IN MEINEM WG-ZIMMER RIECHT ES NACH ABONIKI
DIE NASE IST FREI UND DIE AUGEN BRENNEN
ABER MANCHMAL SIND DA AUCH TRÄNEN
DAS BRUTZELN DER PLANTEIN IN DER PFANNE RIECHT
IMMER NOCH NACH REGEN
DIE LUFT IST BABBISCH SÜ? UND BEIM ESSEN KLEBEN DIE
FINGER AUF GOLDBRAUNER WARMER HAUT
MAMAS ZIMMER ALS DURCHGANGSZIMMER ZU MEINEM

WENN ICH LIEBE FÜHLT ES SICH AN WIE ERWEITERTER
SELBSTHASS
MAMA TRINKT IHREN TEE MIT DREI WÜRFELN ZUCKER
MANCHMAL SIND ES AUCH VIER
UND WENN ICH IHN FÜR SIE MACHE SIND ES NUR ZWEI
ICH TRINKE MEINEN TEE MIT HONIG ODER AGAVE
ABER ICH RÜHR IHN NICHT UM
ICH TRINKE IHN EINFACH
UND GANZ AM ENDE IST ER DANN GANZ SÜ?
ZUCKERWASSER MIT GESCHMACK
MAMAS ZIMMER ALS DURCHGANGSZIMMER ZU MEINEM
ICH VERLIEBE MICH IMMER NOCH IN SCHÖNE JUNGS
UND MANCHMAL IST EINER DABEI DER AUSSIEHT WIE
SEINE MUTTER
UND DANN IST ER MIR VERTRAUT ABER ICH HABE
KEINE ANGST
ER ZIEHT IN MEINEN GEDANKEN DIE SCHUHE AUS
ER SCHAUT SICH UM
STÖBERT EIN BISSCHEN HERUM
DANN SETZT ER SICH HIN
LIEGT AUCH MAL KURZ
SCHAUT EINEN FILM
ZEICHNET
LIEST EINEN AUSZUG
VON SACHEN DIE ICH NOCH NICHT KENNE
UND SEINE STIMME IST LEICHT UND FÜLLT DEN GANZEN
RAUM
HALLT WIDER UND DAS ECHO BRAUCHT EIN BISSCHEN UM
KOMPLETT ZU VERKLINGEN
ER HINTERLÄSST KEINE DRECKSPUREN
ABER DEN SANFTEN DRUCK SEINER SCHRITTE
ICH SUCHE DICH
FOLGE DEM SANFTEN DRUCK DEINER SCHRITTE
WENN ICH DICH FINDE SETZE ICH MICH ZU DIR
WENN ICH MICH ZU DIR SETZE
SETZE ICH MICH SO NAH
DASS DU MEINE NÄHE SPÜRST
WENN ICH MICH NEBEN DICH SETZE ZIEHE ICH MEINE
SCHUHE AUS
UM ZU SCHAUEN OB UNSERE SOCKEN DIESELBE FARBE
HABEN
ABER ICH BIN BARFU?

ICH BIN BARFU? UND ÜBERLEGE MIR SOCKEN
ANZUZIEHEN
WEIL DER NAGELACK IST ABGEPLATZT
MEINE ZEHENNÄGEL SIND KRUMM
UND AN MEINEN FERSEN IST JAHREALTE HORNHAUT
BEVOR ICH MIR ABER SOCKEN ANZIEHEN KANN
BIST DU SCHON AUFGESTANDEN
MAMAS ZIMMER ALS DURCHGANGSZIMMER ZU MEINEM
ICH HABE ANGST MICH DARAN ZU GEWÖHNEN
NUR EIN VORÜBERGEHENDER GEDANKE ZU SEIN
MAMAS ZIMMER ALS DURCHGANGSZIMMER ZU MEINEM
DAS BRUTZELN DER PLANTEIN IN DER PFANNE KLINGT
NACH REGEN
DIE LUFT RIECHT BABBISCH SÜß?
BEIM ESSEN KLEBEN MEINE FINGER AN GOLDBRAUNER
HAUT
IN MEINEM WG-ZIMMER RIECHT ES NACH ABONIKI
DIE NASE IST FREI DIE AUGEN BRENNEN
UND MANCHMAL SIND DA AUCH TRÄNEN
MEIN WG-ZIMMER RIECHT SO WIE ES AUSSIEHT
NACH GESCHLOSSENEM FENSTER
ABER MANCHMAL PFEIFT WIND DURCH SIE HINDURCH
NACH GRAUEM LICHT DURCH DRECKIGE FENSTER
NACH EINEM KÖRPER DER SO LANGE LIEGT
DASS ER SICH IRGENDWANN
NICHT MEHR TRAUT
AUFZUSTEHEN
ICH SEHE DIR MIT DER ZEIT IMMER ÄHNLICHER
UND DANN HABE ICH ANGST UND BIN MIR GLEICHZEITIG
SO VERTRAUT
MANCHMAL HABE ICH ANGST MICH DARAN ZU
GEWÖHNEN
NUR EIN VORÜBERGEHENDER GEDANKE ZU SEIN

Im nachfolgenden Gedicht wird rassistische Diskriminierung auf sprachlicher Ebene thematisiert und mehrmals das N-Wort verwendet. Auf Wunsch der Autorin wurde das N-Wort nicht verfremdet. Es soll hierdurch keine Reproduktion von rassistischer Gewalt stattfinden, sondern ein Aufzeigen derselben.

niggerblues

die niggerblues sind
jenny und joe, sind nicht jenny und joe, waren nie jenny
und joe, sind jibril und jeyda, sind jibola und jolasun, sind
die kinder, die geschwister, die zwillinge, der bruder, die
schwester, nichts dergleichen, sind das ins kleinste zerlegte,
das übermalte, das sprachlose, sind die tonträger, sind das
körpergedächtnis, das körperarchiv, tragen erinnerungen
aus, sammeln schnappschüsse, fangen sie in der haut auf,
lassen die narben bilder sprechen, wollen einander nicht
berühren, die farben müssen noch trocknen, das bild soll
nicht verschmieren.

die niggerblues sind
jenny und joe sind das übersichtbare, sind jibril und jeyda
und jibola und jolasun sind das übersichtbarere, sie sind
das ins sprachlose übermalte, sind der versuch der sprache,
sind das ins unauffindbare singen, sind das schlaflied, mit
dem die eltern die kinder in den schlaf wiegen, sind das
lied, das am nächsten morgen aus allen wänden dringt,
im raum widerhallt dann im kopf echot und sich im
gedächtnis als ohrwurm einnistet, die melodie ist im beton
gespeichert, der text in die tapete graviert, der raum ist
eine zeitkapsel, ist ein standbild.

die niggerblues sind
jibril und jeyda und jibola und jolasun sind die kinder
der mutter, kaum die des vaters, den vater gibt es nur
in teilen, die teile des vaters setzen sich zu einem neuen
körper zusammen. der vater existiert nur in bruchstücken,
der trümmervater liegt überall verteilt. der vater hat sich
irgendwann verloren, ist weniger der vater ist mehr ein
relikt, ein überbleibsel, eine spur, eine zusammenfassung,

ein rückblick, eine randnotiz, eine fußnote, die sich über
die seiten zieht.

die niggerblues sind
das vaterland ist ein vaterloser raum, der raum war immer
schon derselbe, der raum war immer schon ein anderer, der
raum bleibt immer ein geteilter. jibril und jeyda, jibola und
jolasun kerben sich in die mutter ein, tragen aus, was die
mutter austrägt. jibriel und jeyda und jibola und jolasun
sind eine insel, treiben auf dem muttermeer, jibril und jeyda,
und jibola und jolasun haben das schwimmen verlernt,
ihnen fällt die überbrückung zum vaterland schwer.

die niggerblues sind
jenny und joe, sind nicht jenny und joe, waren nie jenny
und joe, sind jibril und jeyda, sind jibola und jolasun, sind
die kinder, die geschwister, die zwillinge, der bruder, die
schwester, nichts dergleichen, sind das ins kleinste zerlegte,
das übermalte, das sprachlose, sind die tonträger, sind das
körpergedächtnis, das körperarchiv, tragen erinnerungen
aus, sammeln schnappschüsse, fangen sie in der haut auf,
lassen die narben bilder sprechen, wollen einander nicht
berühren, die farben müssen noch trocknen, das bild soll
nicht verschmieren.

die niggerblues sind
(k)eine hymne

*Malak Jayeola Aderounmu, 2003 in Trier geboren, studiert
Sprachkunst an der Universität für angewandte Kunst Wien.
Malak Jayeola Aderounmu war schon Preisträgerin bei
Literaturwettbewerben wie dem Treffen Junger Autor*innen, dem Literaturforum Hessen-Thüringen, Ohne Punkt
und Komma, dem Goldenen Kleeblatt gegen Gewalt und
dem Mannheimer Literaturwettbewerb. Darüber hinaus
wurde sie in mehreren Anthologien veröffentlicht, wie auch
der 70. Ausgabe der »BELLA triste«. Seit Oktober 2024 or-
ganisiert Malak mit Freund*innen die »Lautstellung«.*

Miriam de Hohenstein

2,1 –

Du wartest an der ecke auf mich, grinst mir schon von weitem zu. es ist mai, aber die luft ist noch kalt. Du trägst die neue jeans und deinen schwarzen pulli. wir umarmen uns, warm und fest.

»na homie, was geht?«
ich lächle und nicke.
»alles gut. let's go?«
die fahrradreifen sirren. wir fahren kurz durch die innenstadt, dann die landstraße bergan. Du ziehst an mir vorbei, ich trete rein, spüre meine oberschenkel und wie sich ein feuchter film von meinem nacken über den rücken ausbreitet; dann komme ich in deinem windschatten an. hinterm stadtschild ~~frankfurt~~, überhole ich dich, versuche, mehr zu lachen als aus der puste zu sein. »yehee!«, schreie ich, und Du machst mit: »yuhuuu!« erdbeerluft, hinter uns rotleuchtend die skyline.

an der tankstelle holen wir drei sixer. ich bleibe vor dem offenen kühlregal stehen, bis meine wangen nicht mehr glühen. an der kasse zücke ich den perso. wir schieben die räder, es ist nicht mehr weit.

das haus ist zweigeschossig, mit großer glasfront, garten rundherum. vor der tür machen wir halt. Du fährst dir durchs haar, ich mir auch. nacheinander betreten wir das haus.

im flur werde ich in duftende umarmungen gezogen. Du verschwindest im nächsten raum.

»luca! joo girl, endlich bist du da!« »hottie!« »ist das bier?« »oh ne, warum denn beck's?!« »willst du 'nen shot?« »oh mein gott, ist das top neu?« »cheers!«

ich hake mich unter und gehe mit den girls ins wohnzimmer. wir lassen uns aufs sofa fallen, schlagen die beine übereinander.

ich sehe dich in der anderen zimmerecke, wie dir dein kumpel eine offene hand hinhält, Du einschlägst, ihr euch

auf den rücken klopft. er zu dir: »sam, alles fit?« wie Du ein
bier aus dem sixpack brichst und es mit deinem feuerzeug
aufmachst. »ja, bruder.«

mit jedem beat verändert sich das licht. die zimmermitte
ist noch leer, niemand tanzt.

ihr sitzt breitbeinig auf designer-holzhockern und haltet
den raum mit euren blicken gefangen. ihr tragt alle weiße
t-shirts, nur Du stichst in deinem schwarzen pulli raus. ein
paar wippen mit den füßen den rhythmus mit.

wir schauen zurück, mustern schultern und hände; nehmen tiefe schlucke vom bier; tun, als würden wir nicht
schauen.

in der badewanne schwimmen flaschen in wasser und eis.
ich drücke die spülung. das »smack« von meinen lipgloss-
lippen, der blick aus dem spiegel mit wissendem lächeln.
ich fische den vodka aus der wanne und nehme ihn mit.

ella trägt ein glitzerndes kleid, wir kichern. wenn wir uns zu
lange in die augen geschaut haben, fahren wir uns durchs haar
und schauen wieder auf unsere füße. wir tanzen in der mitte
des raumes, spüren die blicke der anderen. sie verschränkt
ihre finger mit meinen, schaut mir ins gesicht und kichert. wir
kichern, als wären wir viel betrunkener als wir es tatsächlich
sind. ich fahre mit den fingern ihren unterarm hinab.

sie zieht mich in den flur, zur treppe, als müssten wir aufs
klo, auf den stufen tummeln sich weiße t-shirts. ich schaue an
uns herunter, auf ihre blaulackierten nägel reihe in reihe mit
meinen dunkelroten. ich bleibe stehen. sie will weiter, hoch,
dorthin, wo der flur dunkel wird, hält fragend meinen blick.
ich drehe mich um. ihre finger gleiten aus meiner hand.

draußen ist es dunkel, die luft in meinen lungen ist kalt. Du
kommst mit den anderen raus, ihr setzt euch zu mir auf die
wiese.

»na, bro?«, begrüßt Du mich und zündest einen joint an.
»hey sis.«, antworte ich. wir schauen uns an und lachen
los. Du gibst mir den joint, ich nehme ein paar tiefe züge.
wir schweigen zusammen, hören der musik aus dem haus

zu. ein paar leute liegen auf der wiese, schauen in den himmel, irgendjemand pennt. mir wird kalt. ich stehe auf, stolpere, gehe rein.

Du bleibst draußen.

drinnen sind die regeln klar; alle spielen mit:

1. auf unserer raumseite tanzt man zuerst, wir tanzen mit schwingenden hüften.
2. die weißen t-shirts tanzen dann, wenn das licht nur noch ein glimmen ist.
3. sie tanzen gerade genug, um eine hand auf unsere hüften zu legen, um uns an sich heran zu ziehen.
4. sie bieten den teuren gin an, die flasche wandert von mund zu mund zu mund.
5. sie verstehen nicht, wenn wir uns bedanken.
6. sie lehnen den kopf nach vorn und unsere lippen sind verdammt nah dran an ihrem ohr, ihrer wange, ihrem hals.
7. ihre hand liegt auf unseren hüften, als würden sie uns stützen.
8. ihre hand liegt auf unseren hintern, als hätten sie sie dort vergessen.
9. immer weniger leute tanzen.
10. immer mehr leute verschwinden in anderen zimmern.

vielleicht heißt er daniel. sein weißes t-shirt riecht
nach vollwaschmittel. er küsst mich, als der eckige
raum rund geworden ist. sein mund schmeckt nach
gin. seine zunge in meinem mund ist nur nass. der
raum ist dunkel, bloß licht von der offenen tür. „warte
kurz, lass die tür zumachen" seine hände, da, wo
sich die bodylotion mit frischem schweiß mischt.
meine finger eingeklemmt zwischen matratze und
seinem knie. jemand meinte mal, er liest abends
seiner schwester vor. »warte, meine hand«, sagt die
stimme aus meinem mund. hände, da, wo der bügel
vom bh gedrückt hat. vielleicht hat er mich nicht
gehört. nasse zunge in nassem mund. er gendert,
meistens. »lass nochmal zu den anderen.« eine

gürtelschnalle klirrt. harte hände, die hüften halten.
er weint, manchmal. »lass nochmal tanzen« seine
finger zwischen haut und slip. er isst kein fleisch.
seine finger sind trocken. der raum dreht. »lass –«
ein schatten vor der tür.
auf dem boden: t-shirt, top, bh.
ein mensch in der tür.
mein körper zusammengekrümmt, um meine nackten
brüste zu verstecken.
Du machst die tür weiter auf und schaust zu uns rein.
deine lider sind vom kiffen dick, ein paar haarsträhnen
schauen unter der schwarzen kapuze hervor.
ich atme tief aus.
ich suche deinen blick.
Du grinst zu ihm.
ich suche deinen blick.
in zeitlupe: dein zwinkern zu ihm.
dein zwinkern sagt: »bruder«
ich suche deinen blick.
Du machst die tür zu.
der raum ist dunkel.

ein paar eiswürfel lösen sich in warmer kotze auf. vor der
tür höre ich daniel. jemand sagt zu ihm: »lass mal, sam ist
da mit luca drin.«
meine stirn pocht gegen den wannenrand. mein rachen
brennt.
»luca«, sagt deine stimme. deine hand auf meinem rücken
ist warm.
hinter meinen lidern flimmern erinnerungen:
    auf dem pausenhof legst Du mir feuerkäfer in meine
    nackten finger.
ich lasse dich auf meinem waveboard fahren.
    Du liest aus meinem heft vor, wenn dir die hausaufgabe
    fehlt.
ich schreibe im vokabeltest bei dir ab.
    Du teilst deine center schocks mit mir, 10ct pro stück
    am kiosk.
ich lasse dich in der mensaschlange vor mir stehen.

Du ziehst im dezember nur deine coole, dünne leder-
jacke an.
ich leihe dir meinen vorgewärmten, dunkelblauen parka.
Du zeigst mir, wie man zigaretten dreht.
ich zeig dir, wie man einen reifen wechselt.
Du erzählst mir, dass dein bruder allein in seinem zimmer säuft.
ich erzähle dir, dass mein bruder sich ritzt.
in den sommerferien schreibst Du mir briefe, seitenlang.
ich bringe dir fotos mit geschichten aus dem urlaub mit, und
einen flaschenöffner in penisform.
»luca«, sagt deine stimme. deine hand. auf meinem rücken.
ich stehe auf.
»luca«, deine hand hebt sich, streckt sich zu mir.
auf einmal liegt meine faust tief in deinem weichen magen.
Du krümmst dich vornüber, stößt mit dem kopf an den
badewannenrand.
zwischen meinen zähnen zischt es »fasst mich nicht an«.

ich ziehe meinen pulli wieder an. die kapuze auf. unter meinen reifen ist der boden wasser. ein schild: 2,1 km –vorbei.
vor mir zieht die skyline schlieren. ich fixiere die roten lichter. strecke die arme durch und fahre stur geradeaus. »einfach geradeaus«, flüstere ich mir zu und trete in die pedale.
»nur straight geradeaus. wenn du nur weiter trittst, fällst du
nicht hin.«

*Miriam de Hohenstein (sie/ihr, *1999 in Frankfurt a. M.)
studiert Anthropologie und Literaturwissenschaft in Berlin
und Rio de Janeiro. Zudem wirkte sie an verschiedenen
Tanz- und Performanceprojekten mit, u.a. in Valparaíso,
Chile. Sie nahm an Literatur- und Übersetzungswerk-
stätten teil, z.B. der Jugendliteraturwerkstatt Graz, ihre
Texte erschienen in verschiedenen Literaturzeitschriften,
z.B. »Der Schnipsel« und »'apostrophe«. 2023 und 2024
war sie Hauptpreisträgerin des Jungen Literaturforums*

Hessen-Thüringen. 2023 gewann sie den hr2-Literatur-preis. In Kollaboration mit dem Medienkünstler Cosmo Schüppel entstand das Hörstück »Ein Raum der Tarnung«, es wurde 2023 im hr2 gesendet und 2024 beim SNIPPET Live-Feature Festival in Basel live performt.

Mara Dumitru

Gemorste Zuversicht

Tickende Stille, köchelnde Honigmilch, ein gebrochenes Versprechen lag in der Luft. Nigel hatte es sich auf einem hölzernen Schaukelstuhl bequem gemacht und spielte mit seinen Fingern an einem kupfernen Zahnrad. Auf seinem Kopf trug er eine Kapitänsmütze mit Kordel und Lackschirm, wie gemacht für jemanden, der auf intellektuelle Aventüren geht. An der Wand um ihn herum hingen 99 Uhren, die jeweils vier Zeiger trugen und alle eigene Zeiten maßen. Er war eingeschlossen in einem Marmeladenglas im Meer der Fragen.

Nigel rutschte unzufrieden herum. Sein Stuhl knarzte unaufhörlich. Schuld waren vermutlich die zusätzlichen Funktionen, die er darin eingebaut hatte. Ein Problem, um das er sich nach dem Verzehr der Honigmilch zu kümmern vornahm. Rasch stand er auf, hob mit spitzen Fingern den Messingtopf vom Gasherd und rührte darin herum, um einer Hautbildung vorzubeugen, etwas, dem er als Glucodermaphobiker sehr sorgfältig nachging. Nigel goss den Inhalt in eine Tontasse. Eine sehr feine Tontasse, mit Wellenmustern bepinselt. Manchmal sah er darin Fratzen von Ungeheuern wie Riesenkalmaren oder seiner Großtante Ursula.

»Pah! Diese Gewitterziege hatte meine Angstzustände bei falsch zubereiteter Milch als prinzesschenhafte Allüren bezeichnet!«

Er drehte den Herd ab und schob sich seine Kapitänsmütze zurecht.

Sie hatte einst seinem Großvater gehört. Ein gutmütiger sowie lästerfreudiger Mann mit einer Vorliebe zum ausgiebigen Paffen und Muscheln-Sammeln. Nigel dachte an die Abende, an denen Großvater mit einer Montecristo die Meeresluft würzte, ihn und seine kleine Schwester Morgenstern und Abendröte nannte und ihnen traurige, jedoch lehrreiche Geschichten über menschliche Resilienz erzählte.

Doch warum dachte er überhaupt an diese Menschen?

»*Nostalgie ist ein lästiger Zwang.*«

Er schüttelte den Kopf und griff nach der Zuckerdose.

Der Stuhl knarzte wieder.

Nigel zuckte vor Schreck mit seinem Arm und fegte dabei ein Glas hübscher Muschelschalen vom Gewürzregal.

Sie purzelten allesamt in die erkaltende Feuerstelle. Er hatte das Spektakel hilflos beobachtet und ärgerte sich über die bevorstehende Muschelpickerei. Er hatte sie geschenkt bekommen, doch jetzt wurden sie lästig. Er verschob die Aufgabe auf irgendwann.

Der Stuhl knarzte weiter.

Das verwirrte Nigel. Es lag nicht an seinem Gewicht oder Schwung. Hatte sich etwas verklemmt? Trotzdem wäre für das Erzeugen akustischer Wellen eine äußere Kraft vonnöten. Vielleicht der Wind? »*Was für ein Wind, Nigel?*« Das Knirschen klang ungewöhnlich melodisch, auf eine Weise mechanisch. Die Abfolge davon kam ihm vertraut vor ...

Natürlich! Aufgeregt sprang er auf. »*Das war viermal kurz!*« Darauf folgte einmal kurz lang und zweimal kurz, lang, kurz, kurz! Das Knirschen endete nach drei langen Signalen. »Hallo« im Morsecode! Aber ... wie war das möglich? »*Nein, das bildest du dir nur ein.*« Die Zahnrädchen, spontane Einbildungen. »*Die Logik spielt Verstecken, Nigel!*«

Aber was wäre, wenn? Was wäre, wenn?

Zögerlich näherte sich Nigel dem Stuhl und klopfte zärtlich mit den Fingern gegen die

polierte Holzlehne.

..../ .- / .-.. /.-.. /---//

Das grässliche Quietschen fing wieder an! Eifrig decodierte Nigel die Signallaute: »*Wie spät ist es?*«

Eine seltsame Frage, welchen Belang hätte die Antwort für einen Stuhl? Aber die Höflichkeit gebot eine rasche Antwort. Er wusste es selbst nicht genau, daher warf er einen Blick auf seine 99 Zeitmesser und Chronometer und suchte sich eine Uhrzeit davon aus.

12:14 Uhr. Tag oder Nacht? Er schnippte eine Münze in die Luft, Tag war Kopf, also schien es Nacht zu sein. So einfach war das. Mit seinem Kalender spielte er nur noch »Schiffe-Versenken«. Regelmäßig besiegte er die Fruchtfliegen Esmeralda-4, Esme-41 und Ralda-0,4 darin. Seine kleine Schwester hatte ihn oft für seine einfallslosen Namensgebungen gehänselt.

Aber nein! Bloß nicht an sie denken! An niemanden denken! Dreimal war ihm das heute schon passiert.

»24:14 Uhr«, tippte er dem Stuhl zurück. Die Antwort kam prompt. Ließ ihm das Blut in den Adern gefrieren.

»Warum verlässt du diesen Raum nie?«

Was sollte er antworten? Weil er niemanden mehr brauchte?

Zitternd klopften seine Fingerknöchel die Replik:

»Ich verlor so viel an das Leben.«

Es folgte lang anhaltende Stille. Der Schaukelstuhl gab keinen Laut mehr von sich. Nigel setzte sich auf einen Schemel daneben. Langsam müsste seine Honigmilch getrunken werden. Doch da ertönte das Knacken erneut:

»Hast du niemanden mehr?«

Ja, wen hatte er noch? Die Person, die ihm immer Essen unter der Tür durchschob? Er hatte keine Ahnung, wer es tat, ob es aus Liebe oder Pflichtgefühl geschah. Er wollte es eigentlich gar nicht wissen. Eine gewisse Dankbarkeit verdiente dieser Mensch doch, er ermöglichte es ihm, die Kapitänskajüte und seine Gedankenschätze ohne Unterbrechung hüten zu können.

»Nein, es wird mir noch Essen gebracht«, klopfte er. Der Stuhl quietschte zurück:

»Wer tut es?«

Selbst wenn er es wüsste, wahrscheinlich würde er die Person gar nicht mehr kennen. Oder nie gekannt haben. Oder vergessen, sie gekannt zu haben. *»Ich weiß es nicht.«*

Nigel mochte es auch gar nicht wissen, nicht grundlos hatte er den Atem angehalten, das Kopftheater verrücktspielen lassen, wann immer sich etwas an der Türluke tat. Sie war einst für eine Katze gedacht. Jetzt wurde sie immer sofort abgeschlossen, sowie die Nahrung in seinen Räumlichkeiten platziert war. Zum Glück stellte der Stuhl eine ganz andere Frage:

»Was gibt dir noch Hoffnung?«

Die Frage traf ihn wie ein Stich. Hoffnung? Zukünftige Wünsche?

Was hatte er noch zu wünschen? Dass die Vögel wieder sangen? Die Schneeflocken wieder fielen? Bestimmt taten sie es auch. Er sah es bloß nicht mehr.

Der Sinn so vieler Dinge war von ihm gegangen.

Was war das überhaupt für eine Frage? So unglaublich vage! Was sollte ausgerechnet er dazu sagen? Energischer klopfte er zurück: »Nichts!«

Der Stuhl antwortete schnell: »*Erinnerst du dich noch an die Sterne?*«

Nigels Augen weiteten sich. Die Sterne? Meinte der Stuhl etwa? Nein ... aber ... doch! Früher hatte er diesen einen Traum gehabt! Seiner Mutter hatte er begeistert davon erzählt, nach einem Kapitel »Marco Polo«, noch vor dem Gutenachtkuss: »*Mama, Mama, ich will das Sternbild des Phönix sehen! Großvater hat gesagt, dass man sich dann etwas wünschen darf!*«

Doch musste es bei einem Traum bleiben?

Sollte er es wagen, diese Erinnerung irgendwann wahrhaftig zu leben?

Zögerlich hob er seine Fingerknöchel. Er war wieder sechs, als er zu erzählen begann: »*Ich werde mit meiner Familie nach Argentinien fahren, um das Sternbild des Phönix zu sehen! Dann wünsche ich mir einen Dackel! Dort esse ich Mamas Frutti di Mare, Veronika spielt Geige, und ich darf Großvaters Fernglas benutzen!*« Langsam, aber stetig brach eine Flut an Dingen los, die sonst niemand wissen durfte. Aurels Geheimnisse, Großvaters Tod, das Lächeln anderer, das elende Lächeln aus Katzengold!

Der Schaukelstuhl hörte ihm zu. Er musste nicht mit seiner Stimme reden, gesehen werden, aufgesetztes Mitgefühl ertragen. Die Uhren tickten weiter, die Honigmilch war längst kalt geworden. Als sich Nigels Finger wundgepocht hatten und er schluchzend auf seinem Schemel hockte, sendete der Schaukelstuhl wieder eine Nachricht:

»*Draußen wartet jemand auf dich. Jeden Tag.*«

Sein Herz stolperte. Wer würde –?!

»*Gute Nacht, Morgenstern.*«

Stille. Der Stuhl hörte auf zu knarzen. Die hölzernen Kufen neigten sich nach vorne und der Schaukelstuhl fiel mit einem Poltern um. Nigel wich entsetzt zurück. Besah ihn bebend.

»Du hattest es mir doch versprochen ...«
Er weinte sich in den Schlaf.
Tage des Nachdenkens waren verstrichen, die Nigel liegend verbracht hatte. Brütend. Wägend. Doch heute ist er entschlossen. Heute will er es versuchen! Er darf jetzt nicht einschlafen.
Was, wenn er es wieder verpasst?
Was wäre, wenn? Was wäre, wenn?
Ein Klimpern! Ein Schieben! Das Essen! *»Wer bringt es?«*
Die lähmende Angst pocht: *»Soll ich es tun? – Ich weiß es nicht!«* Doch beim Anblick der Muscheln lächelt er zaghaft.
Er atmet tief ein ... tief aus ... hebt zitternd die Hand – und drückt die kalte Klinke herunter.

Mara Dumitru, geboren 2008 in Marburg, besucht zurzeit die 11. Klasse am Gymnasium Philippinum Marburg. Sie findet Freude an der Schreiberei von Kurzgeschichten und anderen Träumereien. Diese handeln meist von tiefgründigen, humorvollen und/oder absurden Ereignissen, bestreut mit einem Hauch von Fantasy. Beim hessischen Schreibwettbewerb »OhnePunktUndKomma« nahm sie 2023 und 2024 teil und erreichte jeweils die 1. Preisklasse.

Sara Gallasch

Es ist Winter

2013.
Es ist Winter
in meiner Kindheit,
es schneit,
der Himmel weint
Kristalle aus Eis,
es ist Weihnachten
und die ganze Welt weiß.

Wir stehen im Schnee,
du formst den Körper,
Ben sucht die Stöcke
für die Arme,
ich suche Steine
für die Augen und Knöpfe.

Der Schneemann steht,
stattlicher Leib,
schiefer Mund,
ein blauer Eimer
auf dem Kopf,

du freust dich,
ich kann es in
deinen Augen sehen.

Genau drei Sekunden
bleibt der Schneemann dort stehen,
dann lacht Ben und wirft sich
dagegen,
ich bin verschreckt und weiche
zurück,

Ben lacht weiter
und ich fang an zu weinen,
sehe den Garten im Schnee
nur noch in Schemen,
nehme zuerst nicht wahr,
dass du Ben packst,

bis er verzweifelt kreischt,
du schüttelst ihn:
»du missratenes Kind!«,

ich höre dich fluchen,
ich höre Ben rufen,
unter Tränen,
er hat es nicht so gemeint,

ich stehe reglos daneben
und frag mich,
wieso es noch schneit.

Ostern 2015.

Du hältst mich
in deinen Armen,
Tränen reißen
mich tiefer hinunter,
ich habe Ben verraten,
du hast ihn geschlagen, verwundet,
ein blaues Auge, Hämatome an den
Oberarmen,
ich bin nicht schuld,
beteuerst du,
hör nicht auf das,
was Mama sagt.

Nicht deine Schuld,
sagst du.
Nicht meine Schuld.

Alles dreht sich,
der Boden schwankt,
die Welt erhebt sich
und wir stehen noch immer
hoffnungslos und stetig
auf ihrem Grund.

2018.

Gottesdienst.
Du stehst da vorne,
die Orgel verstummt
und du siehst in die Runde -
Sonntag, die heilige Stunde.
Du sprichst den Segen
und deine bewundernde Gemeinde
nimmt ihn sehnsüchtig entgegen.

Deine Worte gleiten
an mir vorbei,
sind nichts als
bedeutungsloser, klebriger Brei,
schon lange ist da etwas in mir
entzweit,
das mit der Religion und mir
war dem Scheitern geweiht.

Mein Gebet geht
an nichts und an dich,
bist du doch Unheil und
alles zugleich.

Nach der Kirche
werde ich angesprochen.
Kleine Frau, langes weißes Haar,
Augen aus Laub.

Ist alles gut,
fragt sie mich,
und ich sehe mich um,
sehe dich nicht,
gehe einen Schritt weg
von den Regeln
der Realität,
breche den Damm
und suche
nach all meinem Mut.

Mein Körper klamm
und zugleich heiß,
sag ich der fremden

Frau alles, was ich
zu sagen weiß:

Mein Vater verprügelt meinen
Bruder.

Die Frau zuckt zusammen,
ich spüre ein Kribbeln
in meinen Wangen,

»Der Pfarrer? Niemals.
Erzähl keine Lügen.«

Sie ist weg,
und da bin ich
und frage mich
kenn ich
die Wahrheit?

Geschrei, Hämmern gegen Wände,
blaue Flecken, rotgeweinte Augen,
tiefe Vorwürfe, Kälte in deinem
Gesicht, in deinen Bewegungen,
Wut, immer wieder Wut.
Oft, immer öfter und viel zu oft.
Ich verlier mich darin.
Gehe langsam unter und hab keine
Ahnung,
wo der verdammte Grund ist.

2020.

Wir schauen zusammen
den Film, den du ausgesucht hast.
Deine Augen sind beim flirrend-
flammenden Bildschirm,
meine sind bei den Fotografien.

Familienbilder, nur wir können sie
entziffern.
Bedeutungslose Fotos,
denke ich dennoch.
Bedeutungsloser Film.
Bedeutungsloser Abend.
Bedeutungslose Familie.

Du lachst über etwas.
Ich lache mit.
Das Echo deines Lachens.
Ich frage mich,
ob ich aufgeben soll.

Letztens habe ich
mit dir darüber geredet.
Du hast Ben verprügelt,
habe ich gesagt.
Du hast genickt.
Wieso, konnte ich nur fragen.

Der Raum hat gebebt,
du hast mich angesehen,
ich konnte nichts als vor dir stehen,
dein Blick schien durch mich
hindurchzugehen,
ich dachte, ich hab dich noch nie so
erlebt.

»Ich muss mich nicht erklären.
Nicht vor dir.«

Ich habe den Mund geöffnet
und geschwiegen.
Jetzt sitzen wir zusammen im
Wohnzimmer
und schweigen seit
drei Wochen weiter.

*Ihr Weinen. Ihr Kreischen. Lauter
als alles Andere. Bens schelmisches
Grinsen und seine klebrig-roten
Tränen danach. Meine Schuld.
Deine Schuld, sagt Mama, sagt Ben
zu mir. Manchmal sagst du es jetzt
auch.*

Frühling 2022.

Es ist draußen.
In der Schule
haben sie mir zugehört.

Ich bin gerannt
und war dann
doch beim Jugendamt.
Gespräche unter Tränen,
du schriest mir dort ins Gesicht, ich
solle mich schämen.
Was da zwischen dir und mir war,
dieses Vater-Tochter-Ding,
ist anscheinend doch nicht wahr.

Es gibt kein Zurück.
Ein seltsames Gefühl,
wenn ich mir noch nicht
vorstellen kann,
wie das ist,
ein Zurück zu wollen.

Herbst 2022.

Deine Eltern?,
fragt mich die Mutter
meines ersten Freundes.
Ich nicke.
Ist dein Vater
nicht Fischer?
Ich nicke.
Und deine Mutter
Pädagogin?
Ich nicke.

Wie kannst du sie denn verlassen?

Ich sehe zu Boden und weiß nicht,
soll ich meine Eltern,
sie oder mich dafür hassen.

Ja, der Pfarrer und die Pädagogin,
würde ich ihr am liebsten in ihr
Gesicht schreien.
Weil Lügner Lügner sind und Täter
Täter,
daran hindert sie kein Titel.

Ich bin im Begriff dazu, es zu sagen,

sehe wieder in ihr Gesicht,
lege mir die Worte zurecht,
stocke.

Denn was, wenn ich im Unrecht
bin?

Ich habe geglaubt, es zu verstehen,
aber was, wenn nicht?

2023.

Eure Stimmen. Ben, Mama, du.
Euphorisch, verzweifelt, wütend.
Alles zusammen, jeden Tag,
obwohl ich euch
seit einem Jahr nicht mehr gesehen
hab.

2024.

Ich bin in einem
hellen, warmen Haus
und fühl mich allein.
Es ist Weihnachten.

Ich bin hier sicher,
meine Mitbewohner sitzen
mit mir im Wohnzimmer
und reden angeregt,

Kerzenwachs, Nadeln und Zimt
liegen in der Luft,

ich bin nur zur Hälfte hier,
höre deine Stimme,
wie sie »Hallo Kleine!« ruft,
als ich aus der Schule komme.

Ich bin benommen, fühl mich
beklommen,
achte nicht auf die
lieben Menschen und den Baum.
gehe ans Fenster und kann nur
hinausschaun.

Ich erinnere mich
an dieses eine Weihnachten,
als ich noch klein war,
als der Himmel
Kristalle aus Eis weinte
und die ganze Welt weiß war,
als der Schneemann mich angrinste
und ich dann nicht wusste,
wie du es mit Ben meintest.

Jetzt regnet es, am Bordstein
draußen
sehe ich ein Rinnsal,
stetig fließend, reißend,
und ich weiß nicht,

wieso es nicht schneit.

Sara Gallasch, 2007 in Essen geboren, besucht die Viktoriaschule:
Bisherige Veröffentlichungen: »Das weiße Schwert« (2022 im Self-
publishing) sowie »PROJEKT POESIE« (Theaterstück in 5 Akten,
2025 im razzoPENuto Verlag).

Louis Hildebrandt

voller hohler Hülle: ein Blatt im Wind

Gewitter. Böse. Franz Beggheimer spricht laut, er schreit mit sich selbst, um voranzukommen. Franz ist ein gelber Punkt im regenverschluckenden Grau einer Rügener Landschaft. Seine Hose, schreit Franz, sei zerschlissen, er klettere auch schließlich auf Händen und Füßen den einzigen Hügel hinauf, den die Rügener Landschaft ermöglicht, und warum? Franz beantwortet sich nicht.

Es donnert. Böse.

»*Fuck!*« Franz flucht. »Man vergisst«, schreit er, »man vergisst, dass man Donner nie wirklich hört. Man hat keine Ahnung, wie laut Donner sind, niemand hat eine Ahnung von Lautstärke, *forte, forte*, das ist so scheiße laut, wenn mal einer druntersteht, unter so einem beschissenen Blitz«, das ruft Franz nach oben, in den Himmel, schließlich sagen wir, dass *es* donnert. Nicht unlogisch von Franz also, *es* direkt anzusprechen, »unter so einem Drecksblitz zu kriechen wie ein Wurm, ein gottverlassener Wurm, wenn es gewittert.« Vor Franz' Augen entlädt sich in zuckenden Gliedern einer dürren und flatternden troposphärischen Elektrizität ein Blitz. Franz stöhnt auf. Er unterbricht seinen Monolog und wartet das Krachen ab.

ka-kakraaraAWUUMMMHMHM

Franz ist selten auf Rügen, klettert selten und robbt eigentlich nie Hügel über kantige Steine hinauf, Franz trägt keine grellgelben Regenjacken und keine zerschlissenen Hosen, bewegt sich ungern in Gewittern, Franz spricht in der Regel mit Menschen. Franz züchtet Kanarienvögel.

Abfahrende Züge machen etwas mit mir. Die S-Bahn singt elektrisch beim Abfahren, die roten Augen leuchten. Das linke blinkt unregelmäßig, wimpernschlagartig weiß. Die S50 zwinkert mir zu. Oder zuckt, ein wenig durchgedreht.

Ich habe mich noch nicht entschieden.

Unterpurkersdorf. Der Bahnsteig ist leer. Ein Verbotsschild klappert im Wind gegen Metallgestänge. Es ist Winter und zwischen meinen Lippen glüht eine Zigarette. Das Singen der S-Bahn ist weg, ihr zitterndes Auge gleich auch, nur das Schild im Wind hinter mir *Bonk-Bonk – Bonk – BoBong-Bonk*. Und Zigarette.

»Mia.«

Das ist keine Frage. Dass ich nicht zuhöre, ab und zu, das kennt er. Franz und ich gingen auf dieselbe Schule, dieselbe Klasse, Franz wollte was. Ewig. Jetzt nicht mehr, das hat unserem Verhältnis Auftrieb gegeben.

»Mia.«

Kein Ausrufezeichen, aber der Punkt hinter meinem Namen hat Nachdruck.

»Entschuldige.«

»Hast Du einen Text?«

»Ja.«

»Willst Du drüber reden?«

–

»Soll ich weitererzählen?«

»Bitte, Franz.«

Als Franz zahlt, eigentlich bin ich mit Zahlen dran, aber ich habe mein Portemonnaie verlegt, *Huch*, jedenfalls: Als Franz zahlt, sind wir beide grünblau. Blau wegen der Biere, ja, wir trinken immer noch Bier, mit 24 noch, bierblau sind wir, und grün wegen der zerschimmelten Neonröhre in Franz' Hausflur, in deren Licht wir ausgiebig rummachen.

Dabei denke ich über einiges nach. Den Text zum Beispiel, natürlich auch über den Einkauf, den ich mir heute gespart habe, ob Franz noch immer Chips frisst wie ein Waschbär und ob er welche oben hat, Rosmarin hoffentlich, dann über Sour-Cream-Chips und wie furchtbar die sind, was für Soßen, mal ganz generell, sich die Menschheit schon zu kosten hat kommen lassen, Schokopizza!, dass es Schokopizza in den großen Einkaufsmärkten gibt, dann kurz, dass ich gerade mit Franz Beggheimer, den ich seit der Dritten gewaltig habe abblitzen lassen, wie eine Rügener Gewitterfront, dann ganz kurz, was verflucht das werden soll, und schließlich wieder an meinen Text, dass das Thema scheiße ist, was ich dazu, ah, dass ich dazu Franz' Rügengeschichte erzählen könnte, dass das vielleicht passt, da greift Franz mir mit eiskalten Vögelfingern unters Hemd und zieht mich mit hoch. Und hungrig wie ein Waschbär gehe ich mit.

»Scheiße!«, flucht Franz. Aber zischend, nicht laut, nicht energisch, sonst hätte er »Fuck« gesagt. »Shit!« Franz flucht. Franz wühlt. Franz sucht ein Kondom.
Kirääh!
Shit!
Kiririää! Rää!
Fuck!
Franz ist über einen abgedeckten Käfig gestolpert. Jetzt ist der Käfig wach.

»Hast Du vielleicht eins?«, fragt mich Franz außer Atem und »ja«, sage ich, fahre auf, greife zur Jacke, meinem Portemonnaie, »ach nein«, sage ich, das habe ich ja verlegt. *Huch.*

Nachdem Franz mich geleckt hat, legt er sich neben mich. Er hechelt, umarmt meinen Bauch, küsst meine Brust, »wow«, haucht Franz. Ich bin nicht gekommen, aber das weiß Franz nicht, und der Kanarienvogel findet es mindestens genauso spannend wie ich. Wir halten immer noch Blickkontakt.
»Wow«, haucht es schon wieder von meiner Brust, also streichle ich seinen Kopf. »Wow.« Der Kanarienvogel wendet sich ab.

Auf dem Unterpurkersdorfer Bahngleis fragt Franz mich nach dem Text:
»Mia, worum geht es eigentlich in Deinem Text?«
»Weiß nich'«, schmatze ich und stecke mir einzeln meine Ölsalzrosmarinfinger zwischen die Lippen, danach in die Tüte, es knistert, sehr laut, ich kaue mit offenem Mund.
»Mia?«
Ein Fragezeichen. Nach dem Sex kommen auf einmal die Fragezeichen.

»Mia!«

Und Imperativ. Es ist also das letzte Mal, dass Franz und ich uns sehen. Ich versuche, es schade zu finden. Dann frage ich mich, wieso, und lasse es.

»Mh?«, frage ich, Zeige-, Mittel-, Ringfinger im Mund.

»Gibt es ein Thema?«, fragt Franz. Freundlich.

»Hülle und Fülle.«

»He?«

»Hülle und Fülle.«

»Und was heißt das?«

»Gegensatz, Form und Inhalt, Anschein und Ausschein, was man macht und was man fühlt, bla bla, kann man ganz viel mit machen.« Die Bahn braucht noch drei Minuten. Die Chipstüte ist aber keine drei Minuten mehr voll. Das ist schlecht.

»Und was machst Du?«

–

»Mit dem Thema, mein' ich?«

»Nichts. Ich glaub, ich erzähl was von Dir.«

Franz freut sich. Er denkt, es ist ein Kompliment. Mit dem, natürlich, gelogenen Versprechen, ihm den Text vor Abgabe zuzuschicken, tänzle ich in den Zug.

Da steht er. Franz. Zerschlissene Hose, grellgelbe Jacke, einen Vogelkäfig unter dem Arm, dämliches Lächeln, einige Schamhaare im Mundwinkel, von den roten Augen der S50 angeleuchtet. Unregelmäßig, wimpernschlagartig wird er, dämlich winkend, weiß angeblinkt. Er ist verliebt.

Kein Zwinkern, das ist durchgedreht, definitiv.

»Zugestiegen?«

Ich zücke mein Ticket aus dem Portemonnaie.

»Danke.«

»Bitte, gern.«

Ich muss lachen.

Louis Hildebrandt, geboren 2004 in Weimar, ging nach abgeschlossenem Abitur auf alleinige Wanderung in die Alpen. Seit 2023 lebt er in Wien und studiert dort Vergleichende Literaturwissenschaft. Er hat in Literaturzeitschriften wie »&Radieschen« oder »PORT-Magazin« publiziert und wurde 2024 mit dem ersten Preis des Jungen Literaturforums Hessen-Thüringen ausgezeichnet.

Jane Stone

Spatzenschießen

Zwischen Freitag und Sonntag hat sich ein Loch im Boden aufgetan und Janis aus der Parallelklasse geschluckt. Irgendwann musste er hineinfallen. Es hatte genau seine Maße gehabt. Auf Nimmerwiedersehen.

Am Dienstag platze ich in Maltes Trauer hinein. Er will allein in der Umkleidekabine weinen. Ich will meinen Turnbeutel nicht nochmal aus den Fundsachen fischen müssen. Wir brauchen einen Kompromiss. Ich setze mich zu ihm. Der Sonnenuntergang kaschiert seine Akne, funkelt in seinen Augen. Manchen Menschen stehen Tränen. Meine Hand landet auf seiner, führt sie dorthin, wo es sich gut anfühlt. Ihm macht es Spaß. Ich hatte eh nichts Besseres mit mir vor.

Darauf folgt ein Dienstag am Donnerstag, ein Dienstag am Montag, ein Dienstag am langen Wochenende.

Auf dem Flur wirft mir die Lehrerin, der ich die Vier in meinem Zeugnis zu verdanken habe, einen besorgten Blick zu. Ich bin die einzige Person, die zwischen mir und meinem ganz eigenen Loch steht. Ihr ist es klar. Mir auch. In unserem schönen Städtchen graben Maltes Eltern die Seen aus und schütten die Berge auf. Halten die Läden voll, die Straßen sauber. Wenn ich so darüber nachdenke ... Wann habe ich Noah zum letzten Mal gesehen? Oder Elias? Der Seegrund wird niemals gegen Maltes Eltern aussagen. Wo ist mein ungenutztes Potenzial jetzt, Frau Schmidt?

Eines Heimwegs bleibe ich kurz stehen. Wann ist es so kalt geworden? Hab wohl meine Übergangsjacke bei Malte liegen lassen. Schon brennt ein kleiner roter Punkt auf meiner Stirn, ein Meister seines Fachs am Abzug. Das Wettrennen kann jede Sekunde beginnen. Peng! Meine Beine rennen mir unterm Kopf weg. Eine Oma schreit, als ihre Einkaufstüte explodiert. In meinem Rückspiegel platzen Straßenlaternen. Blumentöpfe. Fensterscheiben. Die altbekannten Fassaden zischen als Erinnerungen an mir vorbei. Kiesel im Schuh. Klingeln statt Herzklopfen in meinen Ohren. Die Laufbahn droht mir unter den Füßen auszugehen, da hören die Schüsse auf. Das Magazin ist leer. Meine Seiten stechen und der Geschmack des Schießpulvers klebt an meinem Gaumen. Auf jeder dieser Kugeln stand mein Name.

Nachts schrumpft mein Kinderzimmer zur Einzelhaft. Vorm Fenster rumort ihre Autoflotte. Die Scheinwerfer müssen nicht suchen, sie drohen bloß. Meine Finger halten zitternde Knochen. Wie soll ich schlafen? Blinzeln?
Mit der Morgenröte erreicht mich endlich Klarheit. Die Entscheidung ist getroffen.
Entschuldigung an mein zukünftiges Ich.
… keine Reaktion.
Entschuldigung wohl angenommen. Relevante Gegenargumente gibt es auch nicht.
»David, es gibt Milliarden andere!«, fleht Mutter.
Malte ist alternativlos. Egal, welche Straße ich einschlage, sei es Kreuzung oder Sackgasse, ich lande bei ihm. Dieser Mensch lebt hinter meinen Augenlidern.
Mama, das war die letzte Umarmung.
Der Friseur nickt wissend. Nochmal komme ich nicht. Gestern habe ich mir für meine Beerdigung einen neuen Anzug gekauft. Vater passt sicherlich noch das Sakko, das er zu meiner Firmung getragen hat. In Mutters Schrank wird sich auch was Passendes finden lassen. Beim Sarg bleibe ich unentschlossen. Waren alle bequem. Die Playlist steht aber schon. Heitere Lieder für die richtige Stimmung. Auf der Einladung soll »Lebensfeier« stehen.
»Ich glaube an dich«, beteuere ich meiner kleinen Schwester, »mehr als dich brauchen Mama und Papa nicht. Ich habe vollstes Vertrauen.«
Ihr vermache ich meine Ehrenurkunde fürs Sprinten. Meine jetzigen Zeiten reichen noch zum Überleben, für mehr aber auch nicht. Meine offene Dose Mentos kann sie ebenfalls haben. Name drunter. Fertig. Kurz, knapp und auf den Punkt.
Maltes Biografie wird sich dagegen in die Länge ziehen.

Garantiert Jahrzehnte voller sinnloser Mühen und Enttäuschungen. Auf seinem Sterbebett wird er über mich weinen. Stunde um Stunde wird jemand seine zittrige Hand halten, und doch gehört dieser Moment allein mir. Anschließend wird Malte bis in alle Ewigkeit neben seinen Eltern im Familienmausoleum gefangen sein.

Vor der Spielstraße kollidieren wir. Malte greift nach meinem Arm, aber ich kann entwischen. Ein Fangenspiel in der Imitation einer Freundschaft, die wir nie hatten. Nach einer Runde hat er mich eingeholt, versucht mich umzustimmen:
»David, wir sollten nicht zusammen sein. Es war alles bloß ein großer Fehler.«
Diese Worte haben abgenutzte Ecken. Meine Antwort ist bloß ein Kuss. Verzweifelt stößt er mich weg, trotzdem bleibe ich im Kugelhagel standhaft. Mein Lauf war ein guter. 17 Jahre. Mehr habe ich für ein erfülltes Leben nicht gebraucht. Der Sonnenuntergang in seinen Augen reicht mir. Das Adrenalin verglüht sanft in meinen Venen.
Vergesst den Anzug. Gießt meine rauchenden Überreste in ein schönes Einmachglas. Es soll mit den anderen in Maltes Regal klirren.

Jane Stone, geboren 1999, studiert Geschichte und hat seit 2023 mehrere Kurzgeschichten veröffentlicht, u. a. »Kontakte« in der Kategorie freiTEXT des Online-Angebots der Literaturzeitschrift »mosaik« und »112« in Ausgabe 45 von »mosaik«. 2024 gewann sie den dritten Preis beim Wettbewerb des Jungen Literaturforums Hessen-Thüringen mit der Kurzgeschichte »Leitung«.

Liz Preuss

Fineline

Ich frage mich, wohin dein Fineline führt
Schwarze Fäden umarmen deine Arme
Du kochst. Ich stehe im Türrahmen

Wie viele Windungen braucht es zu dir
Auf sechs Quadratmetern etwas Sagbares finden
Am Klapptisch Orangen mit Zimt aufschneiden

Lächeln. Fruchtfleisch in den Gesprächslücken
Saft an den Fingern. Kerne zwischen den Lippen —

Du in meinem Türrahmen. Pirouetten ohne Mitte
Ob ich die Linien für dich verlängern kann
Auf sechs Zentimetern beim Lidstrich nicht zittern

Von Grund auf eine Sprache erfinden
Fürs gegenseitig Eyeliner-Ziehen
Sich an Tattoos verknoten
Zimt-Orangenküsse

Sanft ist ein Wort an deinen Oberschenkeln
Lust, wie du die Luft einziehst
Jede Kurve zum Zusammenfallen

Schicht für Schicht.
Wir füllen die Fruchtkammern und höhlen einander aus
Saft an den Fingern. Kerne zwischen den Lippen —

Im 90 Zentimeterbett
Schläft dein Name auf meiner Zunge
Wärmen wir die Bäuche am Erdkern

Schwimmen macht hungrig

1)

Ich denke oft an das Meer hinter den Häusern
Wie wir mein Zuhause in den vierten Stock getragen haben
Vor Wochen. Den Schreck beim Aufwachen

Zum Einzug hast du mir einen Stift geschenkt
Wenn es das ist, soll ich einen langen Atem haben
Die Endstation kennen. Rechtzeitig aussteigen

Seitdem kein Wort mehr in den Fingerspitzen
Essen von vorgestern im Topf. Müll im Flur
Ich im Bett mit Schreibtischgedanken

Ich binde die Schuhe extrafest, für den Fall
Die Bahntür nimmt mein Spiegelbild mit
Fünf Stationen parallel zum Universum gehen

2)

Ich will einen Menschen schreiben, der ich werden kann
Neoprenhaut. Fischaugen. Finger wie Flossen
Kopf im Chlorwasser reingewaschen

Rechts links rechts ^ Links rechts links ^
Bei ^ ganzer ^ Bahn ^ Delfin ^ Rücken ohne Arme
Rechts links rechts ^ Links rechts links ^
Rechts links rechts ^ Links rechts links ^
^ ^ ^ ^ ^ ^ ^ ^ ^   ^   ^
Rechts links rechts ^ Links rechts links ^

Zwanzigmal am Mond vorbei. Pro Bahn
Das Herz klopft beim Kopf an. Nebel in den Augen
Wollen ist ein Wort ohne Sauerstoff

3)

Die Monde gehen aus
Ich hänge den Körper über den Beckenrand
Und der Kopf macht auf

Grüne Exit-Sonnen an den Türen
Dieser Eingang war nur für dich bestimmt
  – Alles nicht mein Text.

So fühlt sich Bleiben an
Nachts auf den Fliesen mit großen Schuhen im Spind
Lippen blau vom Vergessen

Ich bin ein ausgewachsenes Kind
Meine Wut ist groß wie Plastikpalmen
Schwimmen macht hungrig

4)

Wann beginnt das Treiben
Auf gefällten Palmen
In verpassten Bahnen durchs knietiefe Wasser

Als Kind das Zauberland nie verstanden
Traurige Menschen ohne Haut
Zug mit nur einer Richtung

Meinen Namen wiederholen
Bis er zur Fuge in den Zähnen wird
Mit der Zunge Wellen schlagen

Ich möchte ein Mensch werden, der ich sein kann
Auf den Fliesen in den Bauch atmen
Es gibt einen Ort in der Welt

Liz Preuss, 2004 in Rüdesheim am Rhein geboren, studiert Publizistik und Komparatistik an der Johannes Gutenberg-Universität Mainz. Weil sie Literatur bereits während der Schulzeit so spannend fand, hat sie zwei Semester Germanistik während ihres Abiturs »frühstudiert«. In den Jahren 2018 bis 2020 hat sie dreimal beim Literaturpreis »Ohne Punkt und Komma« gewonnen. 2021 und 2022 wurde sie zur Nacht der Jungen Lyrik nach Hamburg eingeladen. 2023 wurde sie mit einem zweiten Platz beim Jungen Literaturforum Hessen-Thüringen ausgezeichnet. Im Juni 2023 war sie lyrix-Monatsgewinnerin. 2024 wurde sie beim Jungen Literaturforum Hessen-Thüringen mit einem ersten Platz prämiert. Im Juli 2024 hat sie den hr2-Literaturpreis für ihr Gedicht »Das Paradies ist zahm« gewonnen.

Jacob Schuster

da oben 1

ein kind bleibt am zaun stehen und kurz darauf vater
da oben beugt sich ein kran über den jungen rohbau
zieht die betonplatten an seilen zu sich hoch
wo sie etagen werden und gebäude
etwas schweres hängt in der luft

ein gekrümmter zeigefinger und das kind öffnet den mund
auf dem gerüst tragen sie helme in gelb
und lehnen sich jetzt über das geländer
ihre blicke fallen nach unten
im staub liegt ein ziegelstein

vater wendet sich ab und lässt das kind zurück
da breiten die kräne ihre arme aus
stellen sich gegen das schüchterne blau
zwischen ihnen soll etwas groß werden
das kleine geht auch

da oben 2

vater steht am gleis und drückt zu
hält die kleine hand des kindes
da oben hängt ein netz aus kabeln
sie berühren sich zwischen den pfeilern
verbundenheit deutet sich an

vaters gebeugte schultern
sein blick auf die uhr und das kind
schaut hinter die kabel
wo ein dichter himmel hängt
hier unten hat es nur seine finger und macht sich los

beide stehen vor dem gleisbett
und können die ausgerollten stahlbänder sehen
die sich im selben abstand begleiten
den zug in den bahnhof bringen wo eingestiegen wird
vater und kind setzen sich in bewegung

da oben 3

vater lenkt und das gewicht verlagert sich
das schlafende kind auf der rückbank
da oben hinter der frontscheibe
füllen sich die wolken und tropfen
eine perspektive verwischt

hinten öffnet das kind seine augen
und sieht nasse linien außen am glas
die perlen werden dicker
und laufen hinab wie um die wette
zwei von ihnen fließen zusammen

beide sehen draußen die felder
und einzelne windräder im boden stecken
das auto fährt zwischen hochspannungsmasten
die neben der autobahn stehen wie vogelscheuchen
ihre blicke treffen sich kurz im rückspiegel

Jacob Schuster, 1999 in Berlin geboren, studiert und lebt in Chemnitz. Er war bereits 2023 und 2024 Preisträger des »Jungen Literaturforums Hessen-Thüringen«. Darüber hinaus wurden seine Gedichte in den Ausgaben 31 und 32 der Lyrikzeitschrift »Das Gedicht« veröffentlicht.

Justas Veser

Mein Funkjahr. Dokumentgedicht

I
Seichte Stimme:
(ein akzentfreies Gebabbel, das in aller Welt
annehmbar ist)
WIR SIND AN EINEM
FLASCHENHALSMOMENT
AN EINER
FLASCHENHALSSTRASSE,
-TRASSE:
an einem Knotenpunkt, an einem Ort

an dem einer zwischen kommunalen,
zwischen Bundes- und Landesbrücken

zu unterscheiden weiß: das ist dem
so im Blut, an der Aorta-Verengung,

seichte Stimme:
(akzentfreies Gebabbel,
das kann nicht »semi-naked« in
Schnulzen bellen, dafür ist es zu geordnet,
zu sehr ein Herbstluftphänomen)
WIR SIND AN EINEM
ZUSCHUSSTOPF
UND DER IST LEER:
leer wie unsere Karzinogenesen von Straßen,

das Autobahnnetzbitumen durch die
Landschaft von Sachsen, der -Teer

in -Anhalt, unsere -Züge, die sich
mit Diesel mischen, die baufälligen Brücken

seichte Stimme:
(akzentfrei,
dieser Synchronisierungsfehler)
WIR MACHEN ALLE
DREI JAHRE DEN KLEINEN BRÜCKENTEST
UND ALLE SECHS JAHRE STEHT
FÜR ÜBERFAHRTEN EIN GROSSES LATINUM AN:
ob das ausreicht

für den Asphalt, das wissen nur die Nylon-
Strümpfe des Schnulzenbellers, weiß nur

Poirot oder Benoit Blanc oder sonstnochwer,
das wissen nur die Autobahngraffiti, mit

Tags wie »Karies« oder »DCB« oder
»seichte Stimme«, die ganze Pulpe

an Farbschlieren vor dem Fenster, wenn
du dann doch noch irgendwann hörst

feste Stimme:
(genervt, was sonst)
BRINGT HALT ALLES NICHTS
WIR HABENS DURCH 500 FLASCHENHÄLSE GESCHICKT
UND SIE ALLE BARSTEN
HÖRT IHR: SIE BARSTEN

II
Lektionen in Grenzpolitik:
übern Bodensee, über
Alpenpässe wollen sie ihre
halbbarschen, -garen, ihre
teutschen Burschen
schicken, dass dir dann davon

einer ins Fenster spuckt: Ich
hätte gerne Ihren Pass, was
soll ich machen, Sie stehen
nunmal am Flaschenhals.
Der spuckt weiter, bis ihm
eine Vene platzt: Machen

Sie hin. Der Bursche weiß
sich nicht zu helfen, bis
du in seiner Spucke sitzt
und einen glibbrigen Perso
in sein Maul steckst: denn

dafür ist ja die ganze
Saftproduktion, der Schaum
ja da: dass dieser feuchte
Hemdkragen was zu fressen kriegt

III
was bleibt ist Impactgerede
wie eine Wurstwarenplatte
im Schützenverein Groß-Umstadt,

diesem -Fahrungsort,
dieser Metropole,
diesem *Tag*-Material:

das ist Impactgerede, das ist
Radiozeug, das sind

TOP 100 HITS

natürlich, mit Taylor Swift
und Stefan Raab, die den
Schützenverein zum Brennen
bringen, bis jedes Mitglied

sich seine Dokumentenmappe
retten muss und über Landstraßen
in SaUVkarren brettert, und

überraschend auf Platz 2 steigt
wieder Peter D. Krause mit

seinem § 86-Hit ein

IV
Frühling fängt hierzulande nicht
im März an

V
unsere Pulpenproduktionen,
unser Latinum. Die tausenden

Schreibhefte, industrielle Siebtrocknung

dass dann jeder seinen Griffel
greift, sich die Hände einseift

und Angst hat vorm Ergebnis auf
dem Pulpenkünder, Klassenblatt:

DAS HAB ICH NICHT GESCHRIEBEN,
DAS HAB ICH NICHT GESCHRIEBEN
schreien die, die in Knickerbockern und Dirndln
an den Tischen sitzen

und unrecht haben sie nicht: mit
dem Griffel, den sie verwenden,
kann man nichts schreiben, erst recht
kein Latinum, der gehört aufgeknackst
und zusammengeworfen mit den Schreibheften

dass vielleicht zumindest noch recycelt
wird, ist das ein Ansatz? Ist das eine
Pulpenproduktion?

VI
am Flaschenhals mischen
sich die Flüssigkeiten am

besten, Nitroglycerin mit
Apfelsaft, bis die Biergärten

darauf achten müssen, dass
keiner seinen eigenen blauen Mischhals

mitbringt: Biergärten, die
noch nicht geschlossen sind

VII
durch den Transistor,
raus,
raus,
die überraschten Töne einer seichten Stimme:
das ist mein Funkjahr, meine, ja, Abschlusspräsentation,
mein letztes und mein erstes Kotzen,
das ist mein Funkjahr, das ist meine
Hemdkragenablegezeremonie,

VIII
wer so viel spuckt, weiß:
keine Worte, muss Ruhe
finden im Mundraum für

einige Tage, wer so vielleicht
spuckt, weiß: der Schaum
kräuselt sich und *geht nicht*

zurück, er hinterlässt eine
feuchte Spur, wer so viel
spuckt, weiß: Zwischenorte

IX
glatte Stimme (ein Phänomen, in
dem zwanzig Jahre Corporate Talk durchklingen):
weiß von ihren feuchten Träumen zu
berichten, von den Betten, dem
dunklen, groben, fast braunen schon Leinen, von
den Hütten in Groß-Umstadt, in denen
sie stehen, von der Wurstware, die
langsam fault: sie weiß von feuchten
Träumen zu berichten, die Nord-
und Bodenseewasser trennen, glatte
Stimme (ein Phänomen, das nicht
aufhören will) weiß von feuchten Träumen
und kühlen Stimmbändern, von
zuschnappenden Fenstern, von Peter
D.s Buddies, diese Herbstgestalten,
die sich durch Zielscheiben, durch
Transistoren und durch Biergärten knallen

X
es wird dark draußen,
der Himmel blank, eine
Tag-Fläche, mein Tagwerk
ist die Seife, mein Nachtwerk

die darkness, die Bleiche,
mit beiden spüle ich die Bläue
von oberen Stratosphären:
es wird dark draußen,

es wird blank und eine
Frühlingsnacht, in Fuhren
will ich drauf die Farbe
wälzen, in ihren jeweiligen

Schichten, Gestank von
Linol blüht sich durch die
Luft, blutet mir in den
-Druck, es wird dark,

XI
mein Funkjahr ist auch eine Frage
nach dem CD-romischen Kayser

teutscher Nation, nach seinen Boot-
Up-Sounds, die schnürstiefelig das

Laufwerk schrotten, während ich überhaupt
erst zum PC laufe

(meint die seichte Stimme im Transistor)

XII
seichte Stimme:
(sie rauscht und fadet
durch den Regen, durch den Wind)
MIR SCHEINT
DAS SIND DIE GLEICHEN
STRASSEN,
NICHT? DIE GLEICHEN
TRASSEN UND DIE
GLEICHEN BUNDESBRÜCKEN,
VIELLEICHT SOGAR DIE GLEICHEN
AUTOBAHNEN
nur baut sie jetzt ein anderes Gesicht

und recht hat sie: betastest du
den Hals fachmännisch, unter den

Karieszähnen, findest du Glas, Altglas
das auf die Halde gehört: das ist dieser

Flaschenhals,

Justas Veser (*2002) schreibt in Mainz und Bad Soden. Veröffentlichungen in verschiedenen Anthologien. 2023 bis Anfang 2025 Leitung des jungen Literaturkollektivs »sexy-underground« im Literaturhaus Frankfurt. 2024 Burgund-Austausch-Stipendium des Künstlerhauses Edenkoben.

Fanny Walger

umgängliche nicht-binäre person anfang 20 sucht wege in die nikotinsucht. manifest über ein halbseitiges leben

vielleicht bin ich doch vom rauchen abhängig.
wenn ich nicht schlafen kann, drehe ich zigaretten und denke,
dass ich hätte aufhören sollen. aber ich bin niemand, der hadert,
also drehe ich zigaretten, auf dem mehrzweckplatz in bebra,
wo ich gestrandet bin. ich laufe von glascontainer zu glascontainer, rauche,
und nachts schreibe ich GESTRANDET quer über alles,
das ich vorher schrieb, denn nun werde ich sand,
ich werde eine küste. dann rauche ich auf bauch, dann regt sich in mir,
betäubt und euphorisch, alles, was ich sein könnte.
am morgen betrachte ich meine nackten füße
wie das ufer, das sie sind, und stelle mir vor, wie es wäre,
mich selber zu zeichnen. es müsste nicht so aussehen, wie ich aussehe,
um auszusehen wie ich. der mehrzweckplatz hat dielen, und auf denen
sind meine füße der einzige teil von mir, der auch jemand anderem gehören könnte.
der einzige teil, der aus meinem ungeschickten kinderkörper und meiner
ungeschickten geburt heraus groß geworden ist, nur ist in mir auch
ein hadern gewachsen. ich verhadere mich, denn jemand sagte einmal,
ich schliefe, dabei schlief ich nicht, ich starb.
und eine maschine hat meine nabelschnur
durchtrennt und deshalb bin ich auch so kalt geraten.
deshalb kann ich mich auch nicht verlieben, denke ich;
erste worte, erste zigarette, aber ich hatte keinen ersten herzschlag,
und zum ersten mal spüre ich, wie unwahrscheinlich es war,
meine eigene lebendigwerdung zu überleben.
als ich kind war, war mein ganzer körper damit infiziert,
und ich schämte mich dafür, wie mein bein so verkümmert war,
dass man es halten konnte wie einen gegenstand, und deshalb,
deshalb muss ich auch wieder und wieder geboren werden,
aber das hat sich verwachsen und mein innerlich zitternder
kinderkörper ist unter mir geschmolzen zu etwas, das ich nicht
begreifen kann. mein kerzenkörper; niemand kann sagen,
was an ihm brennt und was bloß schmilzt und meine gedanken rollen ihn
hinab wie wachs, und wer mich anfasst, zuckt zurück,
denn in mir brennen vier geburten. vielleicht zucke auch ich zuerst,
zurück wie in einen uterus hinein und warte, bis ich wieder kalt bin,

bis ich mich anfühle wie die schere, die den gipsabdruck aufschneidet,
auf meiner blassen warmen wachshaut. und wer das dann aushält,
der atmet auf mich drauf, bis ich ausgepustet bin, bis rauch aus mir herauskommt
und ich um alles leichter werde, das ich bereue. und dann strande ich,
dann verstrande ich mich, weil nämlich meine leichte seite
die schwerste ist und ich keine küste sein kann;
der gips ist eine orthese und ich bin ein text
emerging from shatters, das ist das einzige an mir, das richtig ist.
my forbidden life pulsates within me like mud, und es ist kein wunder,
dass alles, was ich sehe, sich vor mir beschützt; an mir kleben
vier geburten und eine erschlichene lebendigkeit.
also schreibe ich, weil etwas dunkleres mir nicht einfällt.
ich wusste schon als kind, dass es sich nicht lohnt, zu hadern,
deshalb bricht jetzt auch alles so hemmungslos über mir zusammen
und ich weine um das gefühl, eine hand zu haben und die lautlosen schritte,
die ich gemacht hätte. um den menschen, der ich hätte werden können,
seinen schlaf und einen tod habe ich geweint, und die schwere
wiedergefunden, in meiner brust, wo das herz schlägt, das nie schlagen wollte,
das mich blau anlaufen ließ, und ich weine um den glauben,
einen körper zu haben und die jugend, die glücklich hätte sein können. so blue.
wie es sich anfühlt, unter gips zu sein? ich mache papier nass und würge
und wenn es trocknet, ist es nie wieder dasselbe. und der mehrzweckplatz ist blau,
und ich schwimme in meinem gipsuterus auf dem meerzweckplatz,
und am morgen esse ich blaubeeren und sage: ich bin mir selbst genug,
aber so spreche ich nicht. ich kehre mut vom grund auf, aber so spreche ich nicht,
ich schweige, dabei hätte ich gerne etwas zu sagen, etwas zu schreien,
und ich hätte gerne eine andere stimme, ohne mir vorstellen zu können, wie das wäre.
ich hätte gerne, dass mein körper von der sonne beschienen wird und
ich seine schönheit sehen kann, während etwas triviales wie licht und schatten
mich zu einem teil der welt macht. aber es gibt kein licht, und keinen schatten,
nur blau. blau wie mein schlaf, blau wie mein feuerzeug, und ich atme rauch ein
und atme rauch aus, von glascontainer zu glascontainer und vielleicht
gefällt es mir so gut, weil mich die atemnot an meine geburt erinnert.
und an den schlaf, den ich wach ertragen habe. ich schlief nicht.
ich schlief nicht, ich lebte, und als ich starb, war ich alleine.
und eigentlich ist es nur natürlich, dass es sich noch immer anfühlt,
als liege ich nackt und sterbend auf einem operationstisch, umgeben von metall
und led-licht, als ringe ich, nackt und sterbend, um atem. und ich spürte das leichte gefühl
in meinem linken fuß beginnen und mit jedem atemzug, in den ich meinen ganzen
zitternden körper warf, kletterte es mich weiter hinauf, in das schwache plumpe bein,
und in meinen schwachen dünnen arm, in meine schwache steife hand,
und ich hätte geschrien, einen wahren schrei hätte ich geschrien, aber ich

versuchte nur, zu atmen und je weniger ich schrie, desto blauer lief ich an,
von den füßen bis zu meinem kopf where i have been thinking blue thoughts ever since.
und es ist nur natürlich, dass ich jetzt nach worten suche
und dass ich in der nacht nicht schlafe, denn nichts davon wäre passiert,
wenn ich damals schon nicht hätte schlafen können, wenn ich GESTRANDET
über den ganzen uterus geschrieben hätte. wer strandet, der lebt.
wer lebt, der hat einen körper, der hat einen ort auf dem mehrzweckplatz
(den dielen, dem meer, dem asphalt), auf dem er ganz und gar sich selbst gehört.
der mann, der sagte, ich schliefe, ist sich keiner schuld bewusst.
look at me. schau mich an, fremder arztmann, schau, wie meine füße
nur irgendwem gehören könnten, wenn sie stillstehen. komm auf meinen
mehrzweckplatz, du kannst am rand stehen bleiben bei den glascontainern,
ich spiele es dir alles noch einmal vor. mein totes herz und mein schlagendes herz
und mein unglückliches herz, das sich vier mal zum leben entschließen musste.
schau, wie ich meine zigaretten auf dem knie drehe, weil mein körper
sich anders nicht bewegen kann. schau, wie ich meine zigaretten auf dem knie ausdrücke,
um das blau zu ertragen. du hast mich zu etwas gemacht, an dem man
schuld haben kann. deine schuld, fremder arztmann, schau, meine gelähmte hand.
fass sie an. mach die augen zu und spüre, wie leicht sie ist. spüre meine verkümmerung.
ich hätte ein leben gehabt, weißt du.
auf dem mehrzweckplatz liegt ein zusammengekrümmter embryo,
und es sieht aus, als ob er schläft. als der rettungswagen kommt,
drehen sich bebraer passanten nach ihm um. auf dem mehrzweckplatz
liegt ein zwanzigjähriger zusammengekrümmter embryo und die sanitäter
tragen blaue hosen. sie beugen sich so liebevoll über ihn, dass man nicht sieht,
dass der mehrzweckplatz ein operationstisch ist und der embryo auf seinem
eigenen nackten spiegelbild liegt. und eine große blaue pfütze breitet sich
um den embryo aus, und die sanitäter berühren ihn zärtlich mit ihren sterilen
händen. man sieht nicht, dass das kleine kalte herz des embryos
gleich töne machen wird. man sieht nicht, dass er gleich atmen wird,
und dass er bereits zu schreiben beginnt. und die traurigkeit der sanitäter
wird in diesem augenblick teil seines körpers, und noch ein bisschen tiefer
seine eigene, kaputte, schmerzhafte, zerrissene, wunderschöne lebendigkeit.
man sieht nicht, dass er gleich weinen wird. man sieht nicht, dass er eines tages,
also das ist noch lange hin, und man sieht es nicht, aber eines tages wird er schreien.

Fanny Walger wurde 2004 geboren, wuchs bei Bebra auf und lebt in Marburg. Fanny hat fast einen Bachelor in Psychologie, lernt Sprachen, spielt Theater und schreibt; war unter anderem beim Treffen junger Autor*innen, gehörte zu den lyrix-Jahresgewinner*innen und stand im Jahrbuch der Lyrik. Fanny Walger mag keine rote Paprika.

2. Preis

Ida Brockhaus

Bis dass der Tod uns scheidet

Sterben tut weh.

Danach zurückzukommen ist schlimmer.

Ihr Herz ist das Erste, das wieder anfängt. Schlägt und hämmert gegen ihre Rippen und zwingt das verdickte Blut in ihren Adern dazu, sich wieder in Bewegung zu setzen. Es *brennt*, als ihr Körper warm wird und die Kälte in ihr zurücktreibt.

Ihre Muskeln zucken unwillentlich, jede kleinste Bewegung tut weh, während langsam Gefühl in ihre Gliedmaßen zurückkehrt.

Dann kommt der erste Atemzug: Ihre Brust weitet sich, ihre Lungen schmerzen, während ihr Mund sich öffnet, um nach Luft zu schnappen. Doch statt Luft quillt feuchte Erde zwischen ihre Lippen. Bringt sie dazu, zu zucken, ihren Mund wieder zusammenzupressen, gegen jeden Instinkt anzukämpfen und nicht Luft zu holen.

Es würde nur dazu führen, dass das hier noch länger dauert.

Sie hat schon jetzt keine Lust mehr.

Sie tritt um sich, so gut sie kann, windet sich, reckt sich nach oben, ihr Herzschlag zu schnell, und sie kann nichts gegen die instinktive Panik in ihrem Magen tun, als ihre Finger nichts finden außer Steinen, die mit ihr unter der Erde liegen.

Sie stirbt zwei weitere Male, bevor sie die Oberfläche erreicht. Bevor ihre Finger durch den Boden brechen, sie endlich Wind auf ihrer Haut spüren kann, und sie weiß, dass es geschafft ist, auch wenn ihr Körper das noch nicht glauben will. Er kämpft weiter, schlägt um sich, befreit sich nach und nach aus seinem Grab, bis ihr Kopf aus dem Boden bricht und sie endlich einen ersten, echten Atemzug nehmen kann.

Es ist genug, um ihr Gehirn vollends in Gang zu bringen. Sie an das zu erinnern, was wirklich wichtig ist. Sie greift unkoordiniert um sich, bis die Finger ihrer rechten Hand sich um das Silberband schließen, das um ihren Oberarm gewunden ist. Erst dann gibt sie ihrer Erschöpfung nach. Lässt sich zur Seite fallen, ihr Atem noch immer schwer, ihre Wange in die feuchte Erde gedrückt, während sie sich an Estelles Armreif festhält.

(Manchmal, wenn sie aufwacht, ist er nicht mehr da. Manchmal reicht es ihren Mördern nicht, nur ihr Leben zu nehmen. Sie selbst kommt immer zurück. Den Armreif hat sie nur durch pures Glück immer wiedergefunden.)

Der Boden unter ihrer Wange ist kühl. Es riecht nach Erde und Schlamm. Nach Gras und Moos und Tannennadeln. Ein Geruch, der beruhigend genug ist, dass sich ihr Atem nach und nach verlangsamt, bis sie nicht mehr das Gefühl hat, zu ersticken. Dann zwingt sie sich dazu, ihre Augen zu öffnen.

Es ist dunkel, wenn auch nicht so finster wie unter der Erde. Fahles Mondlicht fällt durch die Blätter der Bäume, die um sie herum in den Himmel ragen. Schon das zu hell für ihre Augen, die noch immer an die Dunkelheit gewöhnt sind. Tannenzapfen und Laub bedecken den aufgewühlten Boden.

Sie ignoriert die Stimme in ihr, die sie flüsternd anfleht, einfach liegen zu bleiben, und stützt sich mit zitternden Armen nach oben. Zerrt ihre Beine endlich auch aus dem Loch, das sich schon wieder fast vollständig um ihre Hüften geschlossen hat, als würde es sie wieder zurück unter die Erde ziehen wollen.

Sobald ihre Beine frei sind, steht sie auf. Taumelt ein paar Schritte zur Seite und lässt sich dann schwer gegen den nächstbesten Baum fallen, legt ihren Kopf in den Nacken und *atmet*. Fährt mit ihren Fingern über das Silber von Estelles Armreif und ignoriert, wie ihre steifen Gelenke bei jeder Bewegung protestieren. Bis ihr Herzschlag sich vollends beruhigt hat und ihr Körper nicht mehr vor Adrenalin zittert.

Dann atmet sie langsam aus, stößt sich von dem Baum ab und fängt an zu laufen. Egal, in welche Richtung, irgendwo wird sie ankommen. Ist nicht so, als müsste sie Angst davor haben, auf dem Weg zu verdursten.

Und egal, welchen Ort sie als Erstes erreicht, er wird gut genug sein, um sich neu zu sammeln, zu orientieren und dann die Leute ausfindig zu machen, die sie dieses Mal getötet haben.

Das zu beenden, was sie begonnen hat.

Sie hatte die Freunde der Frau unterschätzt, die ihr eigentliches Ziel gewesen war. Einer von ihnen muss sie überrascht haben, bevor sie der Frau das Genick brechen konnte. Ihr Hinterkopf tut noch immer weh, auch wenn das Loch in ihrem Schädel längst wieder verheilt ist.

Vielleicht hat die Frau gewusst, wer sie ist. Oder es zumindest geahnt. Hatte sie sie deswegen hier im Wald vergraben, im Versuch, sie aufzuhalten. Aber warum dann in einem so flachen Loch, in so weichem Boden? Die letzte Gruppe an Nachfahren, denen sie in die Hände gefallen ist, die den Gerüchten geglaubt haben, dass es einen rachsüchtigen Geist gibt, der ihre Familie heimsucht, hatte sie in eine Kiste geschlossen und im Meer versenkt. Sie konnte sich nicht einmal mehr erinnern, wie oft sie bei der Flucht von dort gestorben war. Aber am Ende, was kümmert es sie?

Sei es ein kleines Fleckchen Erde in irgendeinem Wald oder eine Box auf dem Grund des Meeres, nichts kann sie dauerhaft aufhalten. Das weiß sie mittlerweile besser als alles andere in ihrem Leben.

Der Boden unter ihren Füßen wird ebener, härter, als lose Erde langsam zu dem festeren Untergrund eines Trampelpfades wird. Sie ignoriert die Müdigkeit in ihren Beinen und dreht sich auf gut Glück nach links.

Sie fängt an zu summen, während sie weiterläuft. Ein Lied, dessen Namen sie nicht mehr weiß, an dessen Text sie sich schon lange nicht mehr erinnert, aber von dem sie noch genau weiß, wie es klingt, wenn es gesungen wird. Estelles sanfte, hohe Stimme. Leise, wenn sie in Gedanken war. Klar und deutlich, wenn sie wusste, dass sie eine Zuhörerin hatte. Häufig begleitet von einem Lächeln, einem Lachen, das vorsichtig verpackt und tief in ihren Erinnerungen niedergelegt wurde.

Ihre eigenen Mundwinkel heben sich, aber ihre Gesichtsmuskeln sind noch immer zu steif. Das Lächeln fühlt sich ungelenk an. Und das allein bringt sie fast dazu, zu lachen, auch wenn sie weiß, dass dieses Geräusch vermutlich genauso missglücken würde, wie das Lächeln.

Stattdessen seufzt sie. Ballt ihre Hände zu Fäusten und geht weiter. Lässt die Bäume an sich vorbeiziehen und ihre Gedanken wandern.

Es gibt da dieses Sprichwort.

Rache ist süß.

Sie musste fast lachen, als sie den Satz zum ersten Mal gehört hat. Denn Süße hat mit dem, was sie hier tut, rein gar nichts zu tun.

Estelles Gesellschaft war süß. Etwas Weiches und Glückliches. Etwas, von dem man nicht genug kriegen konnte, sobald man es einmal in den Fingern hatte. Das Gefühl von purer Freude, als sie zum ersten Mal zurückgekommen war und Estelle wieder in ihre Arme schließen konnte.

Wie froh sie damals gewesen war, nicht sterben zu können.

Rache dagegen … Rache ist Hitze in ihrem Magen und ein Rauschen in ihren Ohren. Ein Gefühl von Ohnmacht nach einem weiteren Tod, der so viel schmerzhafter war, als wenn es einfach ihr eigener gewesen wäre. Hass, der ihre Knochen zerfraß und sie von ihnen aushöhlte, bis es alles war, das sie noch hatte. Alles, das ihr noch blieb.

Die Bäume öffnen sich vor ihr und sie blinzelt. Überrascht, wie schnell sie hier angekommen ist. Ein Feld erstreckt sich vor ihr, das dichte Gras, fast blau im Mondschein. Die Dunkelheit macht es leicht, die Lichter einer kleinen Stadt zu sehen, die direkt dahinter liegt.

Mechanisch geht sie weiter. Estelles Armreif liegt kalt auf ihrer Haut.

Der Mann, der Estelle getötet hatte, ist lange tot. Ist ihr selbst erlegen, kurz bevor einer seiner Gefolgsleute eine Klinge durch ihren Bauch gerammt hatte. Aber anders als er ist sie wieder aufgewacht. Und der Hass in ihren Knochen loderte noch stärker als vorher.

(Nicht einmal im Tod wurde es ihnen erlaubt, zusammen zu sein.)

Der Mann hatte immerhin schon damals eine große, ausufernde Familie gehabt. Mit den Jahren ist diese nur gewachsen. Aber das ist kein Problem.

Wenn sie eins hat, dann ist es Zeit.

Ida Brockhaus, 2004 in Weimar geboren, macht eine Ausbildung zur Goldschmiedin an der Staatlichen Zeichenakademie in Hanau. 2024 gewann sie mit ihrem Text »Hellpoint« den ersten Preis beim Jungen Literaturforum Hessen-Thüringen.

Marta Imke

Knubbelknie

Sie hatte schon immer gewusst, dass es eines Tages dazu kommen würde, doch jetzt, da sie es sah, erfüllte es sie mit unerwartetem Entsetzen.

Schon seit ihrer Kindheit wusste sie es, tief in ihrem Inneren hatte sie es immer schon gewusst. Irgendwie hatte sie es gespürt; schon bevor ihre Eltern oder irgendjemand sie darauf ansprach, obgleich sie sich kaum an die Zeit erinnerte, in der sie nicht darauf angesprochen worden war. Seit sie sich erinnern konnte, wusste sie es, und die Welt wusste es auch. Es war unübersehbar wie der Himmel.

Und jeder musste es ihr sagen. Dabei war es offensichtlich: Ihre Beine waren krumm. Krummheit allein hätte sie nicht gestört, doch zu allem Übel waren sie nicht nur krumm, sondern auch noch knubbelig, mit Kniescheiben dick wie Fäuste, die an den Ecken herausstachen und in der Mitte sonderbare Bewegungen machten, wann immer sie einen Schritt tat.

Der Rock ist zu kurz, sagte ihre Mama eines Tages, du hast keine schönen Beine.

Kurze Röcke trug sie nicht mehr. Kurze Hosen auch nicht. Es gab Kinderbilder, auf denen ihre Knie zu sehen waren. Die verbrannte sie. Mit elf schickte man sie zum Arzt, denn ihre Kniescheiben erweckten den ständigen Eindruck, aus ihrer Haut gleiten zu wollen, und Opa war früher einmal eine herausgesprungen. Der Arzt, ein überforderter Kinderarzt mit wenig Sinn für die Meinung besorgter Eltern, schickte sie kurzerhand ins Krankenhaus. Sie malte sich schon aus, wie es sein würde, ein paar Tage zu fehlen, eine Operation zu haben, und dann, wie verzaubert, zurückzukehren; doch zu aller Enttäuschung hatte der Orthopäde als einziger auf der ganzen Welt nichts an ihren Beinen auszusetzen und schickte sie zurück, wie sie gekommen war.

Trotz ihres offenkundigen Wissens über den Sachverhalt zögerten die Leute nicht, sie stetig auf ihren Zustand hinzuweisen. Wenn sie zu Oma zu Besuch kamen, tätschelte man ihre Knie zur Begrüßung. Einmal wurde sie gebeten, Kniebeugen zu machen, um zu beweisen, dass ihre Kniescheiben *wirklich immer* so aussahen.

Mit dreizehn fiel ihr auf, dass sie sogar unterschiedliche Größen hatten, ihre Knie. Doch was sollte sie tun? Wären es ihre Füße gewesen, hätte sich eine Lösung gefunden. Doch was tat man gegen Knie? Alles, wirklich alles auf der Welt wäre ihr lieber gewesen als das.

Als sie ihren Mann traf, hatte sie sich fast schon damit abgefunden. Wenn sie lange Hosen trug, fiel es nicht auf; natürlich ging sie nie ins Schwimmbad oder Ähnliches, schwimmen hatte sie ohnehin nur spärlich gelernt. Tanzen ging sie nicht, wegen der Kleider, die sie nicht tragen durfte. Hinaus ging sie überhaupt nur selten, wegen der Kniescheiben, die ja vielleicht herausspringen könnten; es war ein Wunder, dass sie ihrem Mann überhaupt begegnete.

Er war gut. Nicht so aufmerksam, und das mochte sie an ihm; es fiel ihm erst auf, als sie ihn eines Nachts danach fragte, und selbst dann sagte er nur, dass sie sich daran nicht weiter stören sollte. Doch von nun an spürte sie seinen Blick. Aus dem Augenwinkel, stumm, doch mit dem gleichen Ausdruck, den sie alle zeigten. Bald erschien es ihr, als würden scheinbar alle Leute um sie herum Röcke, Kleider, Shorts tragen, nur ihr zum Trotz; wohin sie sah, sah sie Schenkel, Waden, Knie.

Nach dem Umzug wurde es besser. Die Ruhe, die der Ort mit sich brachte, färbte ab; es tat gut, nicht mehr so oft unter Menschen gehen zu müssen, nicht öfter als ab und zu zum Einkauf, den immer häufiger ihr Mann übernahm. Für kurze Zeit fühlte sie so etwas wie gar nichts, und das tat gut.

Doch lange hielt die Erleichterung nicht an. Da war dieser Standspiegel im Flur – ein Familienerbstück – unmöglich, ihn wegzugeben – doch er stand im Flur, auf dem Weg zwischen Bad und Schlafzimmer, was es unmöglich machte, ihn zu umgehen. Sie versuchte es mit Wegschauen, doch das machte es nur noch schlimmer, denn dann malte sie sich die furchtbarsten Dinge aus, die mit ihren Beinen geschahen, und empfand fast schon eine Art Erleichterung, wenn sie zurückkam, um doch in den Spiegel zu blicken, und zu entdecken, dass die Knubbel nicht kopfgroß waren und ihre Kniescheibe nicht senkrecht aus der Haut ragte.

Bald ertappte sie sich dabei, nachts schweißgebadet aufzuwachen, stundenlang und mit klopfendem Herzen an die graue Decke zu starren und schließlich aus dem Zimmer zu schleichen, vorsätzlich, um auf die Toilette zu gehen, doch eigentlich nur, um, ganz vorsichtig, im Flur das Licht anzuknipsen, den Spiegel zu enthüllen, ihn wieder zu verhüllen, ins Bad zu gehen, auf dem Rückweg abermals den Stoff des Spiegels anzuheben, nur um sich zu vergewissern, also, nur um wirklich, wirklich sicher zu sein – und sich erschöpft, etwas ratlos und von einer tiefen Angst ergriffen, wieder ins Bett zu legen, die Augen zu schließen und von Knien zu träumen.

Doch damit war jetzt Schluss.

Gestern hatte sie das Haus verlassen – oft geschah das nicht, denn auch hier konnte man nie sicher sein, überall waren Leute, selbst um diese Zeit. Sie hatte einen alten Weg eingeschlagen, einen Kiefernpfad, vorbei am Friedhof, bestreut mit Zapfen, steinig, voller Nadeln. Wenig Deckung. Sie begegnete niemandem, und ein paar Minuten lang fühlte sie sich frei, frei von einer Last, von der sie längst gedacht hatte, sie gehöre zu ihr. Sie schloss die Augen und lauschte dem Wind. Die Bäume knarksten. Als sie die Augen wieder aufschlug, standen die Bäume rankenschlank vor ihr, streckten sich schnurgerade in die Höhe, nur ihr zum Trotz.

Da hatte sie entschlossen, dass sich etwas ändern musste. Nicht irgendwann, nicht bald, nicht morgen, sondern jetzt.

Doch nun, da sie es entschieden hatte, fühlte sie sich kein wenig besser, höchstens unruhiger. Eine unerklärliche Angst ergriff sie, doch noch umzudrehen. Etwas in ihr sagte, dass dies ihre letzte Chance sei; sicher wäre es zu spät, morgen oder übermorgen damit anzufangen, denn schließlich war es jetzt schon zu spät, vor Jahren hätte sie etwas tun müssen. Doch besser jetzt als nie. Es musste jetzt sein.

Sie wartete, bis ihr Mann bei der Arbeit war. Sie wollte nicht seine Anwesenheit um sich wissen, die sie nur nervös gemacht hätte. Vielleicht hätte er sich auch über sie lustig gemacht, und das wollte sie nicht. Sie wusste nicht, ob sie das ertragen hätte.

Vorsichtig schloss sie die Fenster. Ihr Herz klopfte, doch sie wusste nicht, ob vor Angst oder vor Freude. Bald würde alles gut werden. Ja, das würde es – sie konnte es noch nicht recht glauben, hatte sie doch ihr ganzes Leben damit verbracht. Was würden die Leute nur sagen, wenn man sie so sah? Und wer wäre sie dann noch, ohne diesen Fehler? Die Luft pfiff in ihren Lungen, als sie den Stuhl in die Mitte des Zimmers stellte, sorgfältig die Fenster schloss und tief ein- und ausatmete.

Dann setzte sie sich und die Säge an.

Marta Imke, geboren 2002 in Erfurt, studiert im Master Mathematik an der Friedrich-Schiller-Universität Jena. Einige ihrer Kurzgeschichten erschienen in Begleitanthologien des Schreibwettbewerbs »Unzensiert und Unfrisiert« des Friedrich-Bödecker-Kreises.

Merle Proll

tagzerlebe oder
wie ich mir, so du dir

Der Himmel war blau, das weiß ich noch, als ich das
erste Mal daran gedacht habe, wie ein Leben ohne mich
aussehen würde. Ein Grashalm schleicht durch mein
Gesicht und die Sonne blickt mir durch die Haut. Locken
kräuseln sich im Hintergrund. Der Himmel ist wieder
blau, wie beim ersten Mal.

Durch die hohe Wiese gegangen, streiche ich mir Äste aus
dem Gesicht, um nach Draußen zu gelangen. Einen nackten
Fuß vor den anderen usw. Es riecht nach Trockenheit und
Sommer. Bäume bieten Schatten. Ich folge einem kleinen
Pfad, der zwischen ihnen hindurch verläuft. Am Rand des
Schattens sehe ich, dass der Weg weiter nach unten führt,
zu einer Bucht. Unter meinen Füßen spüre ich den Felsen in
mein Fleisch ragen. Jedes Blinzeln lässt Himmel und Wasser
miteinander verschwimmen. Von oben sehe ich Menschen,
die eine Kette bilden, um einen Mann vor dem Ertrinken
zu retten.

Der Anfang

Das Leben passiert in Kreisen – die Summe ist ein Kreis-
lauf. Gesagt wird, dass alles ein Ende hat, aber alles hat
kein Ende, bis zum Ende. In einem eckigen Sessel sitze ich
in einem eckigen Raum. Gegenüber steht ein weiterer Sessel
mit einer Person darin, die zum Helfen dort ist.

Verlorengegangen im Kontinuum, wirken Reizwörter wie
eine Droge auf mich ein. Wortgestrüpp. Hörend spricht die
Therapeutin mit den Augen, ihr Kopf nickt mit dem Blick.
Weil sie so gut lesen kann, öffnet sie ein Fenster und ver-

sucht, mich allmählich zu befreien. Fünfzig Minuten ist nicht viel Zeit, und ein Tag muss im Danach weitergehen.

Ein Sonnenstrahl fällt durch das Fensterglas auf meine Hand. Licht bricht in ein Mehrfaches, ich fühle mich ihm verbunden. Die Therapeutin erklärt mir versprechend, wie wir gemeinsam im Laufe der Therapie Licht in die Dunkelheit bringen werden. Ich verspüre Angst davor, dass Licht das Dunkle vermehren könnte. »Nein, nein«, lächelt sie bestimmt, »dieser Raum kann den Anfang vom Ende bedeuten.« Ich schaue mich um und begutachte das Inventar. Links an der Wand steht ein Regal voller Bücher und Spielzeug, prall gefüllt, wie Kopf und Körper. Neben mir entdecke ich ein Glas Wasser auf einem kleinen Tisch, das ich nicht angerührt habe.

Die Erfindung des Telefons

Stille ist gefährlich, sie lässt dich denken und fühlen. Anruf an meinen Vater, um ein gewohntes Hintergrundgeräusch zu hören – seine Stimme. Er fragt, was denn sei, und weil ich es nicht weiß, kann ich keine Antwort liefern. »Das Telefon wurde erfunden, um zu kommunizieren ...« Konkret ist mir unklar, was ich mir von diesem Telefonat erhofft habe, vielleicht nur einen Moment von Nicht-Mehr-So-Derzeitig-Sein. »Wenn sonst nichts ist, muss ich jetzt los. Wenn was ist, kannst du jederzeit anrufen.« Sein Bild verschwindet aus dem Bildschirm. Ich versuche es noch eine Zeit lang in meinem inneren Auge zu halten, bis ich merke, wie die Stille wiederkommt.

Das Zimmer immer größer werdend, weiß ich nicht mehr, wohin der Raum mich führt. Das Fenster auf Kipp, um dem Sauerstoff eine Chance zu geben, wird Innen und Außen unklar. Es ist kalt, es geht ein Wind und noch immer tanzt der Winter-Blues. Das Bild von Offenheit verwirrt mich, ich ziehe einen Vorhang vor. Oft habe ich den Vorhang aufgehängt, wieder abgehängt, jetzt aber aufgehängt und zugezogen, mich zurückgezogen, dicht um dicht, dass Geborgenheit durch Verborgenheit einzieht.

Am Boden fühlt sich die Schwere richtiger an, als ob sie dort ihr ganzes Potenzial entfalten kann. Mein Blick an der Decke haftend, grau-weiße Schatten im Alpinaweiß streitend, treiben mich Gedanken in einen Zustand. Die Erinnerungskrankheit macht sich breit und webt ein und ein und hört nicht auf zu weben, weiter und immer weiter … Ein Weberknecht am Fenster. Es ist alles nur ein Zustand.

Ich schaue hinter den Vorhang und erkenne verspiegelte Zirkulation. Einerseits zum Inneren, andererseits nach außen zum Fenster hin. So viele Spiegel, Spiegelkabinett und Scherben. Die kalte Luft zieht das Gewebe zusammen.

Masse Mensch

Morgenstund hat Gold im Mund. Ich schaue dem goldenen Inneren dabei zu, wie es unter meinem leeren Gesicht in weißer Keramik plätschert. Heute habe ich Großes vor. Schocktherapie.

Ein Atmen am anderen Ende der Leitung. Ruhe begleitet durch Floskeln: »Wo sind Sie jetzt?«, »Was sehen Sie?«, »Wie geht es Ihnen damit?« Ich schaue Bewegungen zu, Menschen bilden eine Masse, die sich seltsam verformt. Mir fehlt das runde Glas, der eckige Sessel und ein lesbares Gesicht.

Angst zerrt, will zerreißen, in Fetzen, als hätte sie vergessen, dass sie sich von mir ernährt. Zerstückelung in ein Vielfaches, um sie zu töten und mich unter den Lebenden zu verteilen. Zu gerne würde ich in sie fließen, dazugehören zur chemischen Reaktion und sein, was sie ausmacht, die Masse. Flüssige Gedanken tropfen in das Telefon, fragen nach einem Leben danach.

Bauernprodukte und Tabak

Österreich ist kein großes Land, doch groß genug, um darin verloren zu gehen. Vor einem Bauernladen nimmt mein Vater meine Hand. Weil er gerade dabei ist, sagt er mir, dass alles gut werden wird. Es gebe kein Glück, aber dafür das Schöne und Gute, meint er. Schnell wechselt er das Thema, schweift in Erzählungen ab. Ich merke, dass er sich nicht weiter mit Problemen befassen mag. »Ich versuche ja, aber wirklich verstehen tu ich es einfach nicht.«, sagt er und nimmt seine Hand zurück zu seinem Körper.

Im Bauernladen bestellt mein Vater Buttermilch, ich suche nach einem starken Tabak. »Übrigens glaube ich nicht, dass Rauchen hilft.«, sagt er, ohne mich dabei anzusehen und bezahlt. Es gibt Dinge, die Parteien akzeptieren müssen, um eine Beziehung in Stand zu halten. Wir setzen uns nach Draußen in die Sonne, er trinkt und ich rauche. Es gibt viel zu akzeptieren, zu reden gibt es wenig.

Draußen

Ich bin ein Zweckgehäuse. Überall stehen Dinge herum, Dinge, die zum Leben gebraucht werden, obwohl ich glaube, dass eigentlich nichts gebraucht wird. Während das Drumherum ausgeklammert wird, zähle ich die Rillen im Parkett. Es sind 71.

An die Luft verirrt es mich, mein Körper geht mit. Die Stadt ist sanft zu mir und lässt mich passieren. Eine Legende besagt, wenn du immer weiter und weiter läufst, dann kommst du entweder im Jenseits oder am Rand der Stadt an. Ich kenne nur die Legende der Loreley. Sie machte mit ihrem Gesang aus Schiffern Schiffbrüchige. Die Boote prallten gegen Felsen und sanken. Eins nach dem anderen.

Ich schaue in ein Schaufenster, als es anfängt zu regnen. Der Boden wird befeuchtet, während ich in mein Gesicht blicke.

Es ist nicht mehr zu erkennen. Unsicher bin ich mir, ob das Wasser in oder aus dem Asphalt quillt. Er hat Risse, wie das Parkett. Ich schaue den Beulen dabei zu, wie sie sich füllen.

Mein Mund und mein Gesicht öffnen sich zum Himmel. Der Mund bildet einen Kübel, wie der Asphalt es tut, nur meiner ist organisch. Befüllung – das Wasser steht mir bis zum Hals. Ein alter Mann fragt, ob es mir gut gehe, und das absolute Nein formt ein Ja mit scharfer Zunge. Er schaut mir tief in die Augen, als ich antworte. Dann nickt er ab und geht.

Auf den Stufen des Treppenhauses hinterlasse ich eine Spur. Manchmal verschwindet Wasser ganz von allein, deshalb lasse ich sie stehen, falls jemand etwas zum Lesen braucht. So viel passiert, wofür es nichts zu tun gilt.

Von drinnen sieht alles anders aus, taub ist die Welt. Als Kind habe ich oft versucht, Wolken zu zählen, bis sie sich in etwas verwandelten, für das ich kein Wort mehr kannte. Dazu gab es ein paar frische Gänseblümchen, die sich schon längst an das Verderben gewöhnt haben. Die Sprachlosigkeit jedoch, die ist geblieben. Jeden Tag verbringe ich damit, sie abzustreifen, indem ich mich häute. Schicht für Schicht pult sich etwas mit dunklem Kern hervor – der Konsens noch unklar.

Merle Proll, geboren 2001, absolviert den Masterstudiengang Theater-, Film- und Medienwissenschaften an der Universität Wien. Sie hat Gedichte, Essays und eine Kriminalerzählung in Print- wie Online-Publikationen veröffentlicht. 2024 stand sie mit dem Stück »Die Schwarzdrossel« auf der Shortlist des Hans-Gratzer-Stipendiums.

Konstantin Stawenow

Auszüge aus Trost Land

Kain / Gera-Aue in den Raunächten

Trostland, wo finde ich dich
auf den wasserstehenden Wiesen
im vertrockneten Schilf, am kleinen Bach
auf den weiten Feldern, hinter den Zäunen

oder im Gänseschrei (des Pflugs linke Flanke)
oder in der Hasenseele, im Fuchsgewissen
im Nadelstreifen der alten Leitungen

habe in den schmalen Gräben gesucht
am Feldrand Weidezaun betrachtet
die Pfosten mit Altöl getränkt
und die gefrorenen Pfützen umgangen

ja aber, wo bist du

Abel Epitaph / Gera-Aue in den Raunächten

Trostland, sprich zu mir mit der munteren Zunge der Gera
sag, dass die Eselsdisteln um den Sommer trauern
ich liege unter den Wasserlinsen begraben
wo du mich nicht sehen willst

meine Augen sind wie Laich unter ihren Lidern
ich singe auf ein Neues vom Diptychon, Altar meiner Hände
setze dich auf ihn kleiner Stichling, mein Lied soll dich segnen

doch du sprichst
verschwende deine Verse nicht, Toter

für einen Leuchtkäfer / Bernshäuser Kutte im Juni

in einer vorläufigen Nacht, im Traumfang
erst ein Schatten, dann eine Hand
von unten, aus der Nässe gehoben
das Licht, hinter den Fingern schon
ein anderes

Konstantin Stawenow (*2003 in Erfurt) schloss 2024 seine Ausbildung zum Holzbildhauer in Empfertshausen ab. Zurzeit studiert er am Schweizerischen Literaturinstitut. In den letzten Jahren war er u. a. Teilnehmer der Thüringer Textwerkstätten »Weitsicht« in Ranis und »Poesie & Praxis« in Gera sowie der »young poems« 2023 am Haus für Poesie. Seit Dezember 2023 arbeitet er eng mit der Forschungsstelle Sprachkunst und Religion in Erfurt zusammen. Im Rahmen des Eobanus-Hessus-Schreibwettbewerbs und des Jungen Literaturforums Hessen-Thüringen wurden ihm mehrmals Preise zugesprochen. Des Weiteren war er Preisträger des Treffens junger Autor*innen 2023. Verstreute Publikationen in Zeitschriften und Anthologien, u. a. »Jahrbuch der Lyrik 2024/25«, »Literarische Blätter«, »Ort der Augen« (4/24), »Nagelprobe« (40 u. 41). Konstantin Stawenow lebt mit seiner Frau in Biel.

Frauke Thimme

Kuchen

Ich fliege. Bunte Kreise. Ich bin ein bunter Kreis. Blaugelb-
rosagrün. Oder doch eine Kugel? Ich fühle mich weich, aber
fest. Ein schillerndes Glashaus voller Watte.
Bist du bekifft, fragt Henrik.
Nö, sage ich.
Tu mal die Arme runter, sagt Henrik, sonst lassen die uns
nicht rein. Du siehst bekifft aus.
Bin ich nicht, sage ich, aber lasse meine Arme sinken. In der
Luft sind die bequemer.
Mir ist voll warm, sage ich, und fächere mir Luft mit meiner
Hand zu. Sara behauptet immer, das bringt nichts, aber mir
bringt es was. Sara ist auch so eine, die lieber nichts vom
letzten Kuchenstück nimmt statt der Hälfte, wenn wir teilen wollen; sie gibt mir dann alles. Ich nehme jedes Achtel,
wenn der Kuchen gut schmeckt. Und ein bisschen Wind ist
besser als nichts.
Henrik guckt mich komisch an. Ich bin nicht bekifft, sage ich.
Okay, sagt Henrik, und guckt wieder nach vorne. Wir nä-
hern uns dem Eingang und ich reihe mich in die Schlange
vor der weiblichen Security ein. Als ich vor ihr stehe,
guckt sie mich prüfend an. Ich schaue zurück. Sie schaut
mich weiter an. Ich hebe die Arme an. Na, sage ich. Die
Security klopft mich ab, sehr gründlich, obwohl ich nur
ein dünnes Kleid trage. Langsam ist es auch mehr Strei-
cheln als Klopfen. Ich räuspere mich. Passt dann so?, frage
ich. Jo, sagt die Security und streicht mir nochmal über
den Arm. Ich schaue sie an. Sie schaut mich an. Wir ver-
ziehen keine Miene. Nächste, sagt die Security. Ich gehe
zu Henrik.
Die Security steht auf mich, sage ich.
Ist klar, sagt Henrik.
Die hat mich voll ewig abgetastet, sage ich.
Belästigt?, fragt Henrik.
Weiß nicht. Ja, schon. Aber nicht schlimm, sage ich.

Was jetzt, sagt Henrik, sollen wir zur Awareness gehen, ich kann das mit dir melden.

Nene, sage ich, passt schon. Jetzt lass mal weiter.

Ich schaue mich nochmal um. Die Security ist beschäftigt, irgendwelche anderen abzutasten. Ich fühle mich enttäuscht. Ich schüttele energisch den Kopf und schnippe mich gegen die Backe. Lass mal weiter, sage ich nochmal, aber Henrik ist sowieso auf dem Weg zum Infield. Die Band macht schon Soundcheck.

--

Ich treibe im Ozean und es fühlt sich toll an. Das Wasser ist trocken und warm, die Luft riecht nach Blumen und die Fische kraulen mir mit ihren Flossen den Kopf. Ein Oktopus besprüht mich mit Tinte und ich male Sterne in den blauen Nebel.

Ich stoße an etwas an. Was kreiselst du hier denn über den Platz wie 'ne Irre, sagt eine Stimme, bist du bekifft oder was. Ich bleibe schwankend stehen, aber die Welt dreht sich weiter. Ich versuche auszumachen, von wo die Stimme gekommen ist.

Nein, sage ich.

Die Stimme hält mich fest. Jetzt setz dich mal, sagt sie, und ich werde sanft auf den Boden geschubst. Willst du Wasser.

Ne, sage ich. Ich mache die Augen zu und atme dreimal tief durch. Ich höre, wie sich die Stimme neben mir auf den Boden setzt. Ich mache die Augen wieder auf und blicke der Security von heute Mittag ins Gesicht.

Ach, sage ich. Hallo.

Hallo, sagt die Security.

Was hast du mich denn so begrapscht, sage ich. Direkt zur Sache.

Ja, scheiße, das war richtig doof von mir, sagt die Security. Ich hab auch gehofft, dass ich dich nochmal sehe, weil das ging gar nicht.

Ja, sage ich.

Tut mir echt leid, sagt die Security.

Ich sage nichts.

Ich geh dann jetzt, sagt die Security, will dich nicht nochmal belästigen.

Ich sage nichts.

Tut mir echt leid, sagt die Security nochmal, und steht auf.

Ja, passt schon, sage ich, und halte die Security vorsichtig an der Hand fest. Wollen wir noch kurz hier sitzen?

Oh, sagt die Security, okay. Sie setzt sich wieder hin und ich gucke sie genauer an. Grüner Bucket Hat, orangenes Top, Jeans-Shorts. Bist du jetzt inkognito oder was, sage ich. Die Security guckt an sich runter. Nee, sagt sie, ich hab Schichtende für dieses Wochenende. Wollte noch bisschen die Band anschauen. Klingt ganz cool.

Ich mag die voll, sage ich. Wie Dead Taste. Deswegen bin ich gekreiselt. Viele Fans von denen machen das.

Die Security guckt sich um.

Ja gut, hier halt jetzt grade niemand, sage ich.

Die Security muss lachen. Ich muss auch lachen. Wie heißt du, frage ich dann.

Sarina, sagt Sarina.

Ah, sage ich.

Schweigen.

Du?, sagt Sarina.

Fine, entscheide ich.

Hi Fine, sagt Sarina.

Hi Sarina, sage ich und muss nochmal lachen.

Was ist so witzig, sagt Sarina.

Du hast so Glück, dass ich das mochte, von dir begrapscht zu werden, sage ich.

Ich wollte mich aber echt nicht an dich ranmachen, sagt Sarina und ist plötzlich ganz ernst.

Achso, ja, sage ich.

Also ich fand dich direkt voll schön, direkt auf den ersten Blick. Aber das ist natürlich überhaupt keine Entschuldigung.

Ja, sage ich, und muss lächeln. Wollen wir wieder vor die Bühne gehen?

Okay. Sarina steht auf und hält mir die Hand hin.

Ich kann alleine aufstehen, sage ich, und nehme ihre Hand. Ich lasse sie nicht los, als wir zur Bühne laufen.

--

Ich mache einen Sandengel, wie früher, und meine Sand-flügel erwachen zum Leben. Sie heben mich hoch in die Luft

und ich fliege höher und höher und höher und höher und als
ich landen will, greife ich nach Sarinas Hand und ziehe sie
an mich, bis unsere Stirne sich berühren.
Darf ich dich küssen?
Ja.
Komm mit.
--
Ist das okay?
Ja.
Willst du mit zu mir kommen?
Magst du das?
Ja, mach weiter.
Ich mag deine Lippen.
Ich mag deine Haare.
Ich mag deine Brüste.
Hör auf zu reden.
Okay.
--
Alter, wo warst du denn, sagt Henrik.
Egal, sage ich.
Sara hat mich tausendmal angerufen.
Ich war nicht am Handy, sage ich.
Ach ne.
Sorry. Ich ruf sie jetzt an.
Henrik sieht mich kopfschüttelnd an.
Was, sage ich.
Nichts, sagt Henrik.
Was, sage ich.
Hast du überhaupt geschlafen.
Ich muss telefonieren.
Ich gehe ein paar Schritte weg. Sara geht nach einem Klin-
geln ran.
Mann Luisa, wo warst du denn, sagt sie.
Sorry, ich war nicht am Handy.
Ich habe mir voll Sorgen gemacht.
Ja, sorry. Ich war so im Flow hier, die Band gestern war
mega. Wie Dead Taste.
Schön, sagt sie, aber ich weiß nicht, ob sie es ernst meint.
Meinst du das ernst?

Schweigen.

Bist du noch da?

Ja, sagt Sara. Ja doch, ich meine das ernst. Oder ich will das ernst meinen. Ich vermisse dich halt. War hart, dass du plötzlich unerreichbar warst.

Schweigen.

Aber ich will auch nicht so klammern. Sorry.

Du musst dich nicht entschuldigen, ich hätte dir ja schnell schreiben können.

Schweigen.

Ich vermisse dich auch, sage ich.

Ich freu mich auf dich, sagt Sara. Wann kommt ihr wieder?

Henrik packt schon das Zelt, also ich denke mal, wir brechen gleich auf.

Schön. Du, ich freu mich ehrlich, dass du eine gute Zeit hattest. Ich weiß, du hast das gebraucht, mal so abschalten und so.

Danke.

Soll ich dann was kochen für später.

Ja, voll gerne, sag ich, wollen wir dann einen Film schauen.

Schön, sagt sie wieder, und ich glaube, sie meint es ernst.

Ich freu mich auf dich, sage ich und meine es ernst.

Schweigen.

Lieb dich.

Lieb dich.

--

Was wollte Sara, sagt Henrik, als wir zum Auto gehen.

Nichts Besonderes, sage ich.

Hast du dich entschuldigt.

Ich rolle mit den Augen.

Ja.

Lüg sie nicht an.

Schweigen.

Ja, sage ich.

Fine, ruft eine Stimme hinter mir. Ich gehe einfach weiter.

Fine, ruft die Stimme wieder.

Henrik dreht sich nach der Stimme um. Meint die dich?, fragt er.

Ich heiß nicht Fine.

Schweigen.
Guck mich nicht so an, Alter, sage ich.
Sie ruft nicht nochmal.

--

Frauke Thimme, geboren 2001, hat 2023 ihre Ausbildung zur Medienkauffrau beendet und ist als Singer-Song-writerin aktiv. Sie studiert in Erfurt Musik und Literatur-wissenschaft und arbeitet nebenbei in einer unabhängigen Buchhandlung. Veröffentlichungen und Preise: Preise bei den Wettbewerben »Ohne Punkt und Komma« (2014, 2015, 2017) sowie Junges Literaturforum Hessen-Thüringen (2020 und 2024); Veröffentlichungen in den jeweiligen Preisträgeranthologien und im Rahmen der Anthologie des »Schreibzimmers« 2018.

3. Preis

Sven Beck

Barsch

Ich wollte nicht, dass Kaya mit auf die Beerdigung kommt, ich sagte: »Meine Oma möchte es im kleinen Kreis halten.« Opa war zur Adventszeit gestorben. Kaya und ich hatten eigentlich geplant, über die Feiertage nach Krakau zu fahren; ein romantischer Städtetrip, den wir dringend benötigten. Raus aus Stuttgart, diesem Loch, neue Luft atmen. Aber am fünfundzwanzigsten Dezember war Beerdigung, wir mussten alles stornieren. Kaya war wütend, ich war insgeheim froh. Seit wir zusammengezogen waren, teilten wir alles miteinander, Freunde, Uni und Bett. »Es tut mir leid«, sagte ich trotzdem und strich ihr durch die Haare. Sie schnippte meinen Arm weg und stand von der Matratze auf. »Ich gehe zu Anna«, sagte sie und legte ihre Hand auf die Türklinke. Wahrscheinlich wollte sie, dass ich aufspringe, sie bitte, hierzubleiben, mir ihre Ängste zu erzählen, damit wir eine Lösung finden könnten. Aber ich ließ sie gehen. Ich wartete, bis die Wohnungstür ins Schloss fiel, dann öffnete ich die Flixtrain-App und buchte ein Ticket nach Frankfurt.

Liebe Kaya,
bin jetzt im Zug nach Hause
schöne Weihnachten dir und sorry noch mal

Zwischenstation. Vor den Zugfenstern Mannheim. Eine Stadt wie ein zwei Tage altes Brot. Trotzdem wünsche ich mir, die Weiterfahrt würde sich verzögern. Ich will stehen bleiben, für immer, in Mannheim.

danke, dir auch
können wir später telefonieren?
mir tut es gut, deine stimme zu hören

»Gut, dass du da bist«, sagt meine Mutter, als sie mir die Tür aufmacht. Sie hat einen vollen Einkaufskorb in der Hand. »Wir machen Barsch, und du machst die Panade.« Sie stellt den Korb ab und sagt: »Barsch hat Opa immer gemocht.«

»Und Oma?«, frage ich. »Wir müssten doch etwas machen, das Oma mag.«

Meine Mutter hält kurz inne. »Ich habe jetzt für Barsch eingekauft«, sagt sie dann und räumt in der Küche alles aus. Ich helfe ihr.

»Rauchst du noch?«, fragt sie, als wir fertig sind.

»Nur bei Gelegenheit«, lüge ich.

»Wenn du magst, kannst du rauchen.«

»Wie jetzt? Hier?«

»Na, vor der Tür.«

Ich starre in die Glut meiner angezündeten Zigarette. Auf der Straße regt sich nichts. Neben mir, auf der Steintreppe, meine Mutter. Eine Premiere, es fühlt sich verboten an, ich asche ab, wie im Versteck. Ein Uhu heult auf. Diese Stille habe ich am meisten gehasst. Mama nippt an einer Tasse Tee. »Wenn du eine Auszeit brauchst«, sagt sie, »kannst du immer zurück.«

Meine Tage hier sind zu voll
lasst uns einfach reden, wenn wir uns wiedersehen

Vor mir stehen Wasser, Mehl und Brotkrumen, die Eier habe ich zurück in den Kühlschrank geräumt. Meine Mutter sieht mich fragend an.

»Es geht auch vegan«, sage ich. »Probieren wir es vegan.«

»Wenn du meinst«, sagt sie und reicht mir den Barsch. Ich wälze, befeuchte und bestreue. Sie nimmt ihn wieder, gibt mir den anderen.

»Wie geht es Kaya?«, fragt sie. »Ist sie auch bei ihrer Familie?«

»Wahrscheinlich«, sage ich.

»Weißt du es nicht?«

»Wir haben zuletzt nicht mehr darüber gesprochen.«

Meine Mutter schweigt. Es brutzelt. Dann sagt sie: »Du hast ihr aber gesagt, dass sie mit uns feiern kann.«

Sie dreht den Barsch um, ich spüle die Teller ab. Vor dem Küchenfenster fährt das Auto meines Vaters ein: »Ah«, rufe ich, »da kommt Papa.«

> kannst du dir eine halbe stunde nehmen
> ich will mit dir über etwas reden

Papa trägt eine rote Weihnachtsmütze, wuschelt mir durch die Haare und ruft: »Mal wieder alle beisammen. Was gibt es denn Leckeres?«
»Barsch.«
»Aber den darf man wahrscheinlich erst, wenn auch Oma da ist«, sagt Papa. Er lehnt sich in der Küche über den Herd, in seinen Augen spiegeln sich die Töpfe.

> Das sind intensive Tage, bitte lass mir die jetzt
> es ist schließlich jemand gestorben

In einer Atempause verpacke ich Geschenke. Für meine Mutter habe ich zwischen einer dunkelroten Lederhandtasche und einem Milchaufschäumer geschwankt, am Ende hat der Aufschäumer gesiegt. Jetzt kommt es mir doch falsch vor. Ich lasse das Etikett dran, damit sie ihn umtauschen kann, aber überklebe es ganz vorsichtig mit einem Pappstern. Dann verpacke ich den Rest: ein Fotobuch für Oma, ein Amazon-Gutschein für meinen Vater.

> ich finde das gerade wirklich scheiße
> von dir
> es ist wichtig, es hat mit uns zu tun
> ich möchte etwas klären

»Wie schön!«, ruft meine Oma, »Der Enkel!« Sie zupft mir am Kragen herum, dann gibt sie meinem Vater ihren Mantel zum Aufhängen und meiner Mutter einen Stapel Papierkram. »Heute hat sich die Krankenversicherung gemeldet«, sagt sie zu ihr. »Kannst du dir das vorstellen? Die Krankenversicherung.« Sie geht ins Wohnzimmer. Meine Mutter atmet tief und folgt ihr. »Ich hätte den Tod binnen

zwei Tagen anmelden sollen, sonst könnten sie für die Rück-
erstattung nicht garantieren«, sagt Oma und setzt sich auf
das Sofa. »Aber feiern wir jetzt erstmal.«

»Ich decke den Tisch«, sagt mein Vater.

»Aber lass den Adventskranz drauf«, sagt meine Mutter.

»Barsch hat Opa gern gegessen«, sagt Oma.

Ich stelle die Töpfe auf den Tisch. Der Adventskranz steht
auf der Kante, der Platz wird eng, es ist Zentimeterarbeit.
»Ich mach das mal weg«, sagt mein Vater und bläst die
Flammen aus.

antwortest du jetzt einfach nicht mehr

…

Am nächsten Morgen sammle ich Erinnerungen. Es sind
nicht viele, aber jetzt ist Zeit, sie zu holen, ein Bild zu
malen, von dem ich mich verabschieden kann. Ich erinnere
mich an die Kälte auf der Rückbank bei den Heimfahrten,
die Dunkelheit in seiner Wohnung, *kein Watt Strom ver-
geuden*. Ich erinnere mich an sein Händeschütteln zur Begrüßung, ein fester Druck, wie bei Geschäftspartnern. Ich
erinnere mich an das Klavier in seinem Wohnzimmer, an
den strengen Blick über die Schulter, wenn ich übte. Ich erinnere mich an –

»Ben?«, ruft meine Mutter durchs Treppenhaus in einem
Ton, als hätte sie einen Brief von der Polizei bekommen:
»Ben, machst du mal dein Telefon an? Kaya ist dran!«

Vier verpasste Anrufe. Als ich zurückrufe, geht sie nach
einem Piepen ran.

»Was ist los mit dir?«

»Ich habe nichts Konstruktives mehr zu sagen und da
dachte ich, ich –«

»Du bist so ein Arschloch.«

»Tut mir leid.«

»Ich habe meine Erwartungen massiv gesenkt. Aber das
enttäuscht mich.«

»Es war eine Kurzschlussreaktion.«

»Du musst dir keine Sorgen machen«, sagt sie. »Ich rufe

nicht nochmal an. Feier schön Weihnachten und wir sehen uns irgendwann wieder.«

»Irgendwann?«, frage ich. »Warum nicht übermorgen?« Aber da hat sie schon aufgelegt.

Meine Mutter brütet über halbzerstäubten Papierstapeln, als ich ihr den Hörer zurückgebe. Sie legt ihn zur Seite. »Ben, ist alles in Ordnung?«

»Ja«, sage ich. »Ein Missverständnis.«

»Sie klang angeschlagen.«

»Sie ist krank.«

»Hast du dich angesteckt?«

»Ich glaube nicht.«

Meine Mutter nickt. »Ich habe ihr allerliebste Grüße gesagt. Und wie schade ich es finde, dass sie nicht mitgekommen ist. Wir hätten sie alle so gerne gesehen.«

> ich habe nachgedacht und ich brauche
> eine pause
> tut mir leid, dass das per nachricht
> kommt
> aber du wolltest nicht reden
> für eine weile werde ich dich blockieren
> nicht, dass du dich wunderst

In der Kapelle sitzen Oma und meine Mutter dicht beieinander. Ich bin am Rand, weil auf den Bänken alte Leute sitzen. Ich huste. Meine Mutter weint, Oma streicht ihr über den Rücken. Ich schreibe Kaya, aber es kommt nicht mehr durch.

Sven Beck, geboren 2002, ging in Frankfurt am Main zur Schule, wo er journalistisch für »Frankfurter Wochenblatt« und »Frankfurter Rundschau« schrieb. Nach dem Abitur studierte er Afrikanistik in Wien, brach ab und absolvierte Praktika bei »Kurier« und beim Magazin »biber«. 2021 war er Preisträger des Treffens junger Autor*innen der Berliner Festspiele, 2022 nahm er das Bachelor-Studium Literarisches Schreiben in Leipzig auf. Er veröffentlicht Texte in Literaturzeitschriften, schreibt Rezensionen für Online-Portale und ist Mitglied in Theater- und Lesekollektiven. Im Herbst 2023 erschien sein erstes Theaterstück »Snowflakes« im Thomas-Sessler-Verlag.

Clara Christ

Selbstfindung

Ich bin ein Ikarus, ohne Mut und ohne Flügel.
Ich bin ein steiler Abgrund, scharf inmitten sanfter Hügel.
Ich bin die ewig Stumme, Mund gestopft mit tausend Zungen.
Ich bin eine Entschuldigung (aus Höflichkeit, erzwungen).

Ich bin ein Sprachgebilde, ich bin: Alles, was ich sage,
kann gegen mich verwendet werden? Rhetorische Frage.
Ich steh im Weizen, bin ein Kaktus im Keramiktopf.
Ich bin, du weißt schon, Dings, hab grad den Namen nicht im Kopf.

Ich bin ein Baugerüst, ohne Tatkraft und Fassade.
Ich bin beim Maskenball die Einzige mit Maskerade.
Ich bin das Galgenmännchen, wenn das Wort erraten ist.
Ich bin Vergissmeinnicht, wenn klar ist, dass man doch vergisst.

Ich denke, also bin ich und mein Sein ist subjektiv.
Ich bin eine Regieanweisung, Auftreten: kursiv.
Ich bin entsetzlich selbstbezogen, schreit es aus jeder Zeile.
Ich bin mir selber auf den Versen, aber keine Eile.

Clara Christ (*2008) gewann 2023 mit ihrer Geschichte »Echt« den Schreibwettbewerb »Claras Preis«. Dies ermöglichte ihr die Teilnahme an einem mehrtägigen Workshop mit Schriftstellerin Cornelia Funke in der Toskana und 2024 die Veröffentlichung ihrer Geschichte in der Sammlung »Ich leih dir mein Herz« im Dressler Verlag. 2024 wurde sie mit dem »Unionhilfswerk Sonderpreis für junge Autor*innen« im Rahmen des Richard-von-Weizsäcker-Journalistenpreises ausgezeichnet. 2024 trat sie auf der Frankfurter Buchmesse und im ZDF als Teilnehmerin des »Literarischen Quartetts spezial – U21« auf.

Jovana Eleni Engel

Salvator

Du hast mich in die Wüste geführt
und mir ausgezogen
was mich angezogen hat
hast die Schatten hinter mir dunkler gezeichnet als sie waren
hast gestützt woran ich hing
ließest fallen woran mir lag

du hast Gruben in den Sand gegraben
um mich vor Wind zu schützen
am Salzrand des Meers ist unser Zuhause
wir konnten beide nicht unter Wasser atmen

Schwalben spiegeln sich in Seen
und deine Ängste in der Wüste
schwimmen fliegen krabbeln laufen
nichts davon habe ich je von dir gelernt

ich liege auf trockenem Sand und
bin zu platt um unter die Erde zu kriechen
deine Barthaare sind weiß geworden
und dein Blick zu dem eines Irren

du hast die Sonne über mir zerbrochen wie ein Ei
und so musste sie in mir weiterbrennen
nachts bin ich zu hell um die Sterne zu erkennen

ich glaube dich haben Steine gehalten
massige trübgraue Steine
so wie es sie in Wüsten nicht gibt
du bist immer wieder mit den Fingern über sie gefahren
als deine Beine zu lang wurden
und der Hals zu kurz
die Wüste wurde weiß
deine Haut zu trocken

dein Lachen heiser
ich stiller
du gingst fort

die Steine gab es aber den Rahmen des Bildes nicht
in dem du uns festgehalten hast

Die Stadt

Ich bin in die Stadt gezogen
mir hat die Schnelllebigkeit gefehlt
ich habe mir Schweine in die Wohnung geholt
und ihnen versprochen dass ich nicht hungrig bin

wir sind Fahrstuhl gefahren
haben bei den Nachbarn nach Geld gefragt
sind im Treppenhaus hochgerannt und runter
den Teppich haben die Schweine verdreckt
ich habe ihn so gelassen

wir lagen im Innenhof und haben nach oben geschaut
weil wir ohne den grauen Himmel zu bunt gewesen wären
ich habe einem Schwein den Kopf in der Haustür
eingeklemmt
und weggesehen

ich habe mir mit der Küchenbürste
die Haut geschrubbt
bis sie rosa war
wie die meiner Schweine
bis sie blutig war

wir saßen lange am Küchentisch
und haben uns voreinander geduckt
ihr müsst zurück aufs Land

die Schweine sind schweigend gegangen
ich habe die Haustür nicht angerührt
und erst geschlossen
als ich ihre Schritte im Hof hörte

im Bad wasche ich meine Hände
und weiß dass sie nicht mehr dreckig werden

Domtreppen

Unter den Domtreppen liegt eine blutende Ratte
ihre Bauchdecke vibriert
du ziehst die Haut an deinen Daumen ab

du blutest
leistest der Ratte Gesellschaft
fühlst wie ein Mensch
redest mit Stroh zwischen den Zähnen
deine Hand zerfließt in meinem Schritt
wie Rattenblut zwischen Pflastersteinen
deine Hand sickert tiefer
bis sie Teil meines Grundwassers ist

ich habe mir gestern Nacht in den Kopf geschossen
damit du durch die Einschusslöcher sehen kannst
dass mein Stammeln irgendwann als Souvenir verkauft wird

du schraubst deine Wasserflasche auf
denkst darüber nach was ich mit Souvenir meine
du trinkst
was du sagst löst sich
ein Tropfen im Fluss
ein Nebel über der See
verliert sich im Sand

du denkst schon lange nicht mehr
trinkst nur noch
deine Gedanken sind müde ins Bett gesunken
knarzende Matratze
nasse Körper
rotes Laken
du rülpst

oh entschuldige

ich hebe den Fuß
die Ratte ist tot

Jovana Eleni Engel, geboren 2006 in Halle (Saale), studiert in Berlin. 2022 erhielt sie den Deutschen Jugendfilmpreis und war Preisträgerin des 38. »Treffens junger Autor*innen« in Berlin.

Paula Fischer

Durchhalten

Rote Flüssigkeit tropft von dem Messer in einer Hand. Ich fühle mich unwohl.

***

Ich sitze hier, hoffe, dass mich keiner sieht, dass mich keiner bemerkt, dass ich keinen sehen muss. Die Chancen stehen gut. Schließlich habe ich Schluss. Auf meinen Knien die Box. Die Box, in die ich mir in der Kantine hektisch das Mittagessen abgefüllt habe. Die Box, die ich jeden Abend an dem kleinen Waschbecken meines winzigen Zimmers ausspüle, um sie am nächsten Morgen wieder bestücken zu können. Frühstück und Abendessen: zwei Brötchen. Mittagessen: variabel, aber bloß nichts mit viel Soße, die könnte auslaufen. Denn meine Box ist nicht ganz dicht. Am Ende des Ganges höre ich vereinzelte Stimmen. Jedes Mal zucke ich zusammen, wenn sie lauter werden. Jedes Mal flehe ich, dass sie nicht an mir vorbeikommen mögen und ihre Augen sehen, wie ich auf der kalten Fliesenstufe sitze, die Beine angezogen, darauf meine grüne Box. Hastig verschlinge ich das Kantinen-Mahl, das mal mehr, mal weniger schmackhaft daherkommt. Aber das ist egal. Denn …
Ich muss durchhalten. Das ist der einzige Gedanke, der mich vorantreibt.
Sobald die Box leer ist, springe ich auf. Nicht ohne mich vorher noch einmal zu vergewissern, ob die Luft rein ist. Ich marschiere zu meinem Rad. Den Blick halte ich gesenkt. Auch die Leute, die mich nicht kennen und die ich nicht kenne, die bloß belanglose und uninteressante Flurbegegnungen sind, möchte ich nicht sehen. Der einzige Lichtblick ist mein Rad. Mein Retter, mein Ross. Es bringt mich weg von hier. Je schneller ich in die Pedale trete, desto eher bin ich frei. Kein beängstigendes Gelächter, keine hämisch grinsenden, tuschelnden Fratzen. Wir quälen uns den

Berg hinauf. Ich stöhne, mein Rad quietscht. Wir röcheln, wir müssen anhalten. Eine kurze Pause einlegen. Ich muss trinken. Das Haar ist klatschnass. Egal.

Ich muss durchhalten, denke ich. *Auch wenn mir die Knie zittern.*

Endlich habe ich den Berg bezwungen. Mein Rad sichere ich vorsichtshalber mit zwei Schlössern. Ich könnte es nicht ertragen, wenn es verschwinden würde. Es ist schließlich mein einziger Freund. Ich streichle noch einmal behutsam über seinen Sattel, bevor meine Haltung wieder gebückt, mein Gang wieder schnell, mein Kopf wieder gesenkt ist.

Ich muss durchhalten, denke ich. *Auch wenn es ein Kampf ist.*

Ich drücke die Tasten des elektronischen Zahlenschlosses meines Wohnheims. Es sind nur vier Zahlen, bis sich die Schiebetür öffnet und ich wieder die Welt betrete, in der ich eigentlich überhaupt nicht sein möchte.

Aber ich muss durchhalten, so will es die Gesellschaft.

Ist der Weg über den Flur geschafft, stoße ich meine Zimmertür auf. Ich habe es eilig. Denn die Stimmen verfolgen mich, auch wenn ich die Tür längst zugeschlagen habe. Ich atme auf, betrachte meine Box. Sie ist schmutzig, stinkt nach Kantinenfraß, doch sie lächelt mich freundlich an. Jetzt beginnt die Nacharbeit. Ich sitze Kekse kauend abwechselnd vor PC und Handy. Draußen ziehen wieder gehässige Stimmen vorbei. Ihr lautes Lachen ist hyänengleich. Ein Wolf heult bedrohlich auf. Er markiert sein Revier. Bei dem Klang seiner Stimme zucke ich jedes Mal zusammen. Obwohl ich die Heizung bis zum Anschlag aufgedreht habe, ist mir eiskalt. Mein Blick wandert zu meiner Box. Aufmunternd lächelt sie mir zu. Das beruhigt mich. Ich drehe mich um und wende mich wieder meiner Arbeit zu.

***

Um 18 Uhr gibt es Abendessen, dann muss ich wieder hinaus. Ich nehme meine Box in die Hände, stelle mich stumm in die Schlange, lasse das Lästern an den Tischen über mich ergehen, tue so, als würde ich ihre stechenden, bohrenden, ihre glühenden Blicke auf meiner Haut nicht bemerken. Endlich bin ich an der Reihe – es kann mir nicht schnell genug gehen. Meine Box fängt gekonnt die zwei Brötchen auf. Sie ruft mir zu, was ich noch brauche: Butter, Tomatenscheiben, Käse. Ich bin ihr dankbar, dass sie ihre Aufgabe so ernst nimmt und hier vor allen zu mir hält.

Ich muss durchhalten, denke ich. *Auch wenn es mir noch so schwerfällt.*

Als ich das Messer an die Brötchenkante lege, bemerke ich es erst gar nicht. Da ist kein Schmerz, nur das Gelächter, das mir immer noch in den Ohren dröhnt. Die warme Flüssigkeit tropft auf meine Handinnenfläche. Beschämt wische ich sie mit meinem Ärmel weg. Doch obwohl längst nichts mehr zu sehen ist, hört der Fleck nicht auf zu brennen. Eine Weile starre ich unschlüssig auf meinen blutenden Zeigefinger.

Ich muss durchhalten, denke ich. *Auch wenn es wehtut.*

Morgen ist schließlich wieder ein neuer Tag. Neuer Tag, neuer Albtraum, neuer Lernstoff, altes bekanntes hämisches Gelächter.

***

Am Abend spüle ich sorgsam und vorsichtig meine Box. Das Wasser, bloß nicht zu heiß. Die Spülbürste, bloß nicht zu hart. Ich will nicht, dass sie kaputt geht, denn ich kann auf ihre Gesellschaft nicht verzichten. Ich darf sie nicht verlieren. Das würde mir das Herz brechen. Sie ist doch meine einzige Freundin.

Nachts, wenn ich versuche, in einen unruhigen Schlaf zu fallen, höre ich aus dem Billard-Zimmer von nebenan freudige Stimmen. Es versetzt mir jedes Mal einen Stich.

Aber ich muss durchhalten, auch wenn ich unglücklich bin.

Deshalb benutze ich Ohrenstöpsel.

***

Am Morgen verlasse ich das Wohnheim noch vor allen anderen, obwohl mein tonnenschwerer Rucksack mich zurück in die Hölle zieht. Aber ich bin stärker. Denn ich weiß, dass da draußen jemand auf mich wartet. Das beflügelt mich. In meinem Rucksack höre ich die Box johlen, die den Fahrtwind genießt, wie ein Labrador, der seinen Kopf aus einer heruntergelassenen Autoscheibe hält und seine Zunge genüsslich nach hinten wehen lässt. Was würde ich nur ohne die beiden machen?

***

Im Unterricht melde ich mich nicht. Die Stimme des Lehrers verhallt. Meine Gedanken sind bei meiner Box, bei meinem Rad. Als ich das Gebäude nach Unterrichtsschluss verlasse, setzt mein Herz für einen Moment aus. Die Reifen meines Rades wurden aufgeschlitzt, das Lenkrad ist verbogen, der Rahmen zerbrochen. Ich weine stumm. Reicht es denn nicht, mir die Würde zu nehmen? Was soll ich denn jetzt tun, ohne mein Rad? Der Wolf heult bedrohlich vom Schuldach, und sein Rudel stimmt mit ein.
Mein Herz blutet, aber ich muss durchhalten.
Während mein Rad den letzten Atemzug tut, höre ich meine Box plötzlich verängstigt schreien.
»Nein, bitte …«, flehe ich, doch es ist zu spät. Der Wolf lässt sie fallen. Sie fällt, wie in Zeitlupe. Ihre Stimme verklingt. Ich stehe wie angewurzelt da und blicke zu ihr. Das ist das Letzte, was ich für sie tun kann: sie mit meinem Blick auffangen. Sie ansehen, ihr zeigen, dass ich für sie da bin. So wie sie immer für mich da war. Als sie auf dem harten Asphalt zerschellt, muss ich mich wegdrehen. Ich spüre, dass meine Knie zittern, dass ich zu Boden sacke, dass meine Kraft mich verlässt. Mein Herz ist gebrochen.
Ich muss durchhalten, denke ich. *Aber es geht nicht mehr.*

***

Im Wohnheim ertrage ich es nicht mehr länger. Ohne mein Rad. Ohne meine Box. Als der Wolf seine Zimmertür öffnet, lacht er mich bloß aus. Meine Faust trifft ihn unvorbereitet. Er fällt zu Boden. Wie in Zeitlupe. Wie ein gefällter Stamm.

***

Am Abend warte ich. Ich schließe die Augen. Ich weiß, was kommt. Deshalb habe ich die Tür nicht abgeschlossen. Das Rudel muss seinen Anführer rächen. Ich spüre keinen Schmerz. Ich höre mich husten. Ich sinke zu Boden. Im Krankenhaus höre ich das Piepen der Beatmungsgeräte. Mein Brustkorb hebt und senkt sich rhythmisch.
    »Du musst durchhalten, mein Schatz«, weint mir meine Mutter ins Ohr.
Doch in diesem Moment reicht mir der Schnitter seine Hand. Noch nie hat mir jemand eine Hand gereicht. Diese Beachtung, die er mir schenkt, gefällt mir. Der Tod lächelt freundlich … wie mein Rad, wie meine Box. Ich lächele zurück und nehme dankbar seine Hand.

Paula Fischer, Jahrgang 2002, hat schon in der Grundschule begonnen, Erzählungen, Kurzgeschichten und Reiseberichte zu schreiben. Mittlerweile studiert sie Medienkulturwissenschaften an der Bauhaus-Universität Weimar. Einige ihrer Kurzgeschichten wurden bereits in Anthologien bei verschiedenen Verlagen veröffentlicht. Sie nimmt regelmäßig an Lesungen teil.

schatzi ich habe den sommer gesprengt

das glühende hufeisen
pressen sie mir auf die nasennebenhöhlen
und aufs linke kniegelenk

und das haus an den klippen
munter im kippen vor zorn
über mutters blaue briefe
und über die bundesrepublik

den stahl und den granit
schmelzen wir uns im becher eiswasser ein

komm
komm zur telekom dot com komm
komm enteignen gehen komm
komm sich einen absommern komm

die dehydrierten kinder
verlieren haare und fingernägel
im liegen auf plastiklaubbetten

schatzi
ich habe den sommer gesprengt
und den betrieb gleich dazu

pappkochend kleben wir
an unseren eigenen vier wänden
die fassade ganz neu

und in hitze gewallte papyri
und dr. sommers abschiedsbrief
als dämmungen gegen rekorde
und gegen den neuerdings allerdings
alljährlichen hitzetodhumanizid

lässt sich
dieser monat noch abdunkeln
oder gingen uns dafür die glühlampen aus

*Luka*s Friedland / Luka Fræy(a) Friedland [---/luka/they]
(*1999), M.F.A. Luka ist u.a. Dramatiker*in, Performance
Artist, Medienkünstler*in und Experimental Artistic Game
Developer*in sowie Kulturwissenschaftler*in. They ist
u.a. unsichtbar mehrfach be_hindert, mehrfach queer und
arbeitslos. Luka erhielt zahlreiche kleinere Preise und ver-
öffentlichte in einer Vielzahl an Literaturzeitschriften und
Anthologien. Zu den Forschungsinteressen von Luka in
Theorie und Artistic Research zählen u.a. virtuell-digitales
Theater, experimentelle Literaturen, Ableism und Sanism
Studies, Critical Autism Studies sowie historische Avant-
garden. Seit 2020 publiziert Luka their Games auf itch.io,
und seit 2024 erscheinen die Stücke, Bücher, Anthologien
und Langtexte im eigenen Publikationsorgan *publishing.*

Willem Oscar Heyn

Anett

Ich trug ein Hemd mit undefinierbaren Ornamenten, darunter eine zerknitterte Anzughose und schwarze Lederschuhe. Auch meine Mutter hatte sich schick gemacht. Mein Opa trug einen feinen Anzug und seine klobigen, jedoch notwendigen orthopädischen Schuhe. Es sah verhältnismäßig albern aus, aber so ist es mit den meisten Stücken aus der medizinischen Mode. Erst vor einer halben Minute hatte es endlich aufgehört zu regnen; es tröpfelte noch, darum hielt ich die Zigarette in der hohlen Hand. Wir standen vor einer Friedhofskapelle, um dort gleich meine angeheiratete Großmutter zu beerdigen; es war der letzte Tag im Juni. Ich wusste nicht genau, wie mir bei diesem Gedanken war, klar, der Tod ging mir nah, aber das war im April, als sie starb. Jetzt, eineinhalb Monate später, schien es mir so, als würden alle Trauergäste die Trauer bloß spielen, theatralisch angefasst vom Verlust und weniger tatsächlich deprimiert. Die fürchterlichen Konventionen des Friedhofs und die Bürokratie unseres Heimatlandes verlangen, dass man auf den Termin zu warten, sich dem Kalender der Bestattungsinstitute zu fügen habe. Die Trauer ist gefälligst im Kalender einzutragen und aufzusparen, bis es dann endlich so weit ist mit dem ganzen »Asche zu Asche« und so weiter.

Kein Aschenbecher in Sichtweite. Scheiße, jetzt musste ich extra zum nächsten Mülleimer. Das ist immer wahnsinnig unangenehm, wenn man das Gespräch für einen dieser Märsche verlassen muss und das Gegenüber bei der Rückkehr schon mit jemand anderem redet. Zum Glück war das hier keines solcher Szenarien, denn gerade schwiegen sich alle bloß an und betroffen Gucken war an der Tagesordnung. Als ich wiederkam, trafen endlich mein Onkel, meine Tante und ihre Söhne ein. Direkte Verwandtschaft, also direkt hingehen und „mein herzliches Beileid" sagen, so viel war klar. Mein jüngerer Cousin sah anders aus als letztes Mal, mittlerweile hatte er an den Seiten kurz geschorene Haare und die oben reichten in etwa bis in seinen Nacken hinein. Mein Onkel hingegen sah aus, als müsse er gleich noch ein paar Aktivisten von der Straße zerren; er trug einen navyblauen Anzug Typ 75 € C&A Sommerschlussverkauf -20% auf alles, braune Lederschuhe und auf dem Kopf eine Kappe irgendeines US-Amerikanischen Baseball-Teams. Ich kam nicht umhin, das etwas lustig zu finden, allerdings hatte man an solchen traurigen, wenn auch uninspirierten Betonwüsten-Ästhetik-Orten Pietät und Anstand zu bewahren, fraglich nur, wer hier überhaupt noch auf wen Rücksicht nahm.

Ich umarmte die Familie und es wurde sofort angefangen zu rauchen. Wer mit über dreißig noch raucht, ist nicht mehr zu retten. Wenn man Kinder hat, oder wenn man dreißig wird, je nachdem, was eher kommt, muss man damit aufhören. Noch rauchte ich gern und viel und direkt nach dem Aufstehen, jede Stunde circa eine, aber das alles nur, bis es wirklich nicht mehr schön sein würde. Mein Onkel und meine Tante und mein Halbcousin aus ihrer ersten Ehe rauchten allesamt Pall Mall Blau. Meiner Meinung nach wirklich eine Zigarette für Kinder von Rauchern oder Dreizehnjährige, die hinter der Turnhalle ihr erstes Lungenbrötchen verzehren wollen, um das auch mal ausprobiert zu haben. Nichts, was man wirklich noch konsumieren sollte, wenn man endlich an etwas wie soziale Verantwortung gelangt ist, mit Kindern und einem Job und den ganzen Sachen, die d*em Leben einen Sinn geben.*

Es war alles wie in einer Theaterprobe – alle Beteiligten standen ratlos rauchend in einem wenig anmutigen Bereich vor dem eigentlich wichtigen Gebäude, führten herzlich gemeinte und halbherzig ausgeführte Gespräche und warteten auf eine Frau mit Dauerwelle, die allen Bescheid geben sollte, wann es denn endlich losginge. Dann war es endlich so weit, die Trauergemeinde schlich, Trauer imitierend, in den Ort des Geschehens, ich hielt mich an meine Mutter. Die Kapelle sah aus wie die Lobby einer Hotelkette, der Trauersaal wie eine leergeräumte Sauna. Wir nahmen auf Bänken im Halbkreis um die Urne mit einem Foto aus *besseren Tagen* Platz und betrachteten das Bild der Verstorbenen. Sie sah gut aus.

Die Warterei ging noch weiter. Der Rest der Gemeinde schlich noch immer wie die Nacktschnecken in die leere Sauna. Am liebsten hätte ich gleich noch eine geraucht, dann aber ging es endlich los mit der Trauerfeier und die Kondolenz wurde gehalten.

Die Rednerin selbst hatte ich noch nie gesehen, immerhin pflegte ich wenig Kontakt zu dieser Seite der Familie, sie machte einen netten aber auf Dauer sicher nervigen Eindruck. Dieses ganze Pathos in der Stimme, und dann diese Fakten über die Dahingeschiedene, die kannte sie doch gar nicht. Aber ich auch nicht. Ich hatte Oma vor sechs Jahren kennengelernt; ich hätte es auch nicht besser gemacht als diese Gudrun mit dem Charme einer Rossmann-Verkäuferin, aber das konnte man doch nicht verantworten als städtisch, gar landeshauptstädtisch beauftragter Unter-die-Erde-Beförderer. Was diese Frau erzählte, war doch nur das Abziehbild einer Trauerrede. Jemand hatte eine Lückentext-Kondolenz verfasst, die Rednerin musste nur den Namen des Subjekts eintragen, fertig, aus, Kapelle weint, so musste es gewesen sein. Geradezu würdelos, wie da das ganze Leben einer Frau in 15 Minuten aufs Wichtigste heruntergebrochen wurde. Kannte die meine Oma überhaupt? Hatte die jemals auch nur ein Wort mit ihr gewechselt? Wie kann es eigentlich sein, dass diese Art der Verabschiedung Einzug in die hiesigen Gepflogenheiten gehalten hat? Dieser ganze Irrsinn, das *bewegte Leben* noch einmal aufrollen, die wichtigsten Stellen, die Montage eines jahrzehntelangen, im Mittelteil retardierenden, gegen Ende dadaistischen Wirkens, ein Trailer, der nach Release des Films erst ausgestrahlt wird. Ich schreibe meine Kondolenz selbst noch vor meinem Ableben und lasse sie zwingend verlesen von jemandem, der auch weiß, von wem da überhaupt die Rede ist, dachte ich mir auf der unbequemen Bank. Konnte diese Frau überhaupt nachempfinden, was so etwas bedeutet? Natürlich, immerhin ist das hier ihr Beruf, sie ist wahrscheinlich Trauerrednerin, sie macht das hier als 40-Stunden-Job, aber wie viel Empathie muss man dafür haben und wer kann überhaupt imstande dazu sein, erzählte Geschichten in einer kurzen Darbietung zusammenzutragen, sie vor Leuten, die es im Zweifel besser wissen, vorzutragen und dann auch noch angefasst vom selbst Erzählten zu sein, ohne jedoch allzu gerührt zu wirken? Das ist mir alles zu grotesk, das darf doch alles nicht wahr sein, dieses aufgeblasene und handwarme Affentheater, ich fasse mir endlich ein Herz und stehe auf.

Willem Oscar Heyn, geboren 2002 in Nordhausen, studiert an der Universität Erfurt und arbeitet als studentische Aushilfe bei MDR THÜRINGEN.

Luca Hilbert

Schwertkampf I

Wenn das hier ein Schwertkampf wär',
ob ich wohl der Gewinner des Schwertkampfs wär'.
Ach ich wollt' so sehr, dass ich der Gewinner des
Schwertkampfs wär'!
Yeah!
Andere wollen ans Meer.
Andere wollen es fair.
Andere wollen mehr.
Ich will nur, dass ich der Gewinner des Schwertkampfs wär'.

Was, wenn mein Leben ein Schwertkampf wär',
ob ich dann wohl der Gewinner des Schwertkampfs wär'?
Wär' das genug, wollt' ich dann mehr?
Wenn nicht ich, dann wer?
Und wäre das alles überhaupt noch fair?
Ach ich wollt' so sehr, dass ich der eine große Gewinner im
Schwertkampf des Lebens wär'.

Manchmal denke ich, ich kann nicht mehr,
kann nicht mehr, wenn ich nicht ein Gewinner wär',
Ein Gewinner beim Schwertkampf im Lebensmeer.
Im Lebensmeer da wär' ich wer,
wenn ich nur der Gewinner des Schwertkampfs wär'.
Ach das wollte ich so sehr.
Ob ich ohne dich auch der Gewinner des Schwertkampfs wär'?

Schwertkampf II

Die einen stehen im Regen,
während die anderen ins Sonnenlicht sehen.
Während es in Irland stets regnet,
kann man in Rom in der Sonne stehen.
Ich stehe am Fenster und schau raus.
Egal ob Sonne oder Regen, löst in mir beides nichts aus.
Ich träume von klirrenden Schwertern vor verdunkeltem Himmel.
Träume von Kämpfen in der Nacht um die ewige Vorherrschaft.
Mal gewinnen die einen die Oberhand, mal die anderen an Land.
Nie siegt einer. Nicht ich. Nicht du. Es siegt keiner. Weder du,
noch ich.
Ich stehe draußen im Regen, während die Sonne scheint.
Ich siege, während ich verliere.
Du siehst mich, doch kommst nicht durch, durch ein Meer aus
Wolken und Schwertern.
Ob du wohl der Gewinner des Schwertkampfs wärst, wenn das
hier ein Schwertkampf wär'?
Und du schreist: »Gib mir mal das Schwert jetzt her!«

Luca Hilbert, geboren 1999 in Lahnstein, studierte Grundschul-
lehramt in Gießen und begann 2024 seinen Vorbereitungsdienst
in Wiesbaden. Er hat seit 2017 mehrere Kurzgeschichten ver-
öffentlicht: »Mensch sein« in »Durchschrift« vom Land Rhein-
land-Pfalz (2017), »Doppelleben« in »Dunkel« (Baltrum-Verlag,
2020), »Abschied« in »Mine-Dine-Use und andere Generationen-
geschichten« (Baltrum-Verlag), »Schmiere stehen« in »Kleine
Gaunergeschichten« (Pohlmann-Verlag), »Der Geist« im 7. Buben-
reuther Literaturwettbewerb (alle 2021) und »Olli und Larry« in
»Kuriose Ferienabenteuer« (net-Verlag, 2024).

Balthasar Hübner

Versunkene Welt

Der Tag, an dem die Welt unterging, war ein stiller, kalter. Die Nachrichten waren stummgeschaltet, man hatte schon wieder jemanden erschossen. Zwei Scheiben Toast und ein dünner Kaffee, dann aufs Fahrrad – zur Schule. Der Weg: links Wald, rechts Feld – der Himmel war nicht einmal grau, lediglich farblos. Regelmäßiges, somit mechanisches – also letztendlich stupides – Treten in die Pedale. Ein kalter Sprühregen lag hart in der Luft. Vereinzelt krochen Fetzen weißen Nebels aus den Furchen des Feldes. Ein alternder Fabrikkomplex löste das Feld ab. Im farblosen Loch kreisten zwei funkelnde Augen unermüdlich, von schwarz glänzenden, nass anmutenden Federn umgeben. Nach der Fabrik: die Schule. Postmodern in dem Sinne, dass sie nicht mehr modern war. Selten hatte es einen Ort gegeben, welcher geographisch wie auch in seinem puren Dasein so sehr das Ende der Welt verkörperte. Während im Innenhof Fahrräder angeschlossen und Freunde begrüßt wurden, ließen sich im Schutz der Hecken hilflose Jungs verprügeln und das Essensgeld abknöpfen. Gedealt wurde ab 7:30 Uhr. Auch der Lehrer sicherte sein Fahrrad am Stahlständer. Neben ihm versuchten zwei Halbstarke, den Cutter – mit dem sie soeben versucht hatten, die Reifen der nebenstehenden Räder aufzuschlitzen – hinter ihren Rücken zu verbergen. Der Lehrer hatte es gesehen. Im Lehrerzimmer lieferten sich die Bildungsbeamten der Nation sinnlose Grabenkämpfe, weil es natürlich nur die eine, zielführende Art des Unterrichtens gab, und diese war entweder streng wie im Kaiserreich oder alles vergebend. Der Lehrer stand im Niemandsland, denn er unterrichtete Gedanken, währenddessen sich seine Bildungskollegen Gedanken ums Unterrichten machten. In seinem Vorbereitungszimmer schrieb er etwas mit Edding auf ein Bettlaken. Im Ethikunterricht fragte ihn ein Mädchen, ob es ihr negativ anzurechnen sei, dass sie stets ihr Bestes versuche, sich aber dabei schon in der Annahme ihres eigenen Scheiterns befände. In der Pause durchschritt er das Foyer, wo Klopapier vom Treppengeländer hing und ein Globus im Aquarium schwamm. Er überprüfte die Luft an seinem Fahrrad. Da die Bildungsbeamten zwar mit gutem Beispiel vorangehen sollten, diesem aber nicht auch gleichwohl hinterhereilen konnten, rauchten sie nun auf dem Dach, wo sie von den Schülern nicht gesehen werden konnten, währenddessen die Schüler nun unbeaufsichtigt auf dem Hof rauchten und über dem Dach der weiße Rauch gen farbloses Loch emporstieg. Der Lehrer steckte sich einen Kaugummi in den Mund. Er hatte noch zwei Packungen in der Jackeninnentasche. Im Physikunterricht redete nur er. In der Pause steckte ein kleiner Zettel in seinem Fach: Er solle bei der Direktorin vorstellig werden. Die Chefin der Bildungsbeamten war klein und hatte schulterlange rote Haare. Neben der Heizung stand ein brauner Topf mit Bogenhanf. Auf dem Tisch lag ein Bild von einem Hund. Der Chefin wurde zugetragen, es gäbe Beschwerden – von wem genau sei natürlich so ohne Weiteres nicht in Erfahrung zu bringen –, dass er sich zu wenig am interkollegialen Ideenaustausch beteiligen würde. Er habe eine Meinung zu entwickeln und sich dementsprechend zu positionieren. Nach dem Gespräch fuhr der Lehrer nach Hause und aß sein Pausenbrot. Auf dem Schreibtisch am Fenster stand ein liebevoll gefertigter, kleiner Blumentopf mit vertrockneten Orchideen. Am Nachmittag, an dem es bereits dunkelte, fuhr er in die Stadt. Er traf sich mit einer Kollegin zum Essen. In der Straße hingen Plakate. Die Laternen waren noch aus. Dem Akkordeon eines alten Mannes entschwebten fast vollkommene Töne. Die Kollegin war auch eine Freundin. Sie hatte eine Meinung. Sie blickte ihn mitleidig an. Auch ihr war seine Anteilslosigkeit aufgefallen. Er hätte Fehler gemacht, meinte er. Fehler, über die er jetzt nachdenken müsse. Sie aber wollte, dass er nach vorne blickte. Fehler seien schließlich immer ein Teil der Vergangenheit. In der Zukunft lägen nur mögliche Fehler. Nicht jedoch sichere. Aber was, so er, wenn ein Relativieren seiner in der Vergangenheit begangenen Fehler dazu führe, dass er auch in Zukunft nicht wirklich daraus lerne? Er könne sich ja immer auf die Zukunft berufen und sagen, morgen werde er heute nicht anders gehandelt haben können und deswegen träfe ihn keine Schuld. Auf dem Rückweg hielt er am Wegesrand an. Von der laternenbeschienenen Front der Schule hing ein weißes Bettlaken mit der Aufschrift: *Nieder mit der Kaltherzigkeit!*

Balthasar Hübner, 2003 in Jena geboren, besucht das Semper-Gymnasium Dresden.

Emma Joerges

Totholzstruktur
Die Gelbhalsmaus zieht in der ausgefaulten Großhöhle,
die der Schwarzspecht zimmerte,
ihre Jungen groß.
Im Astloch überwintern Hornissen.
Pilze in Zersetzertätigkeit.
Der Rotmilan über den Totholzmassen
naturbelassener Wälder
kennt die Totholzbewohner
vorübergehend.
Bevor das Totholz zu Waldboden wird –
seine Bewohner tun es ihm nach.

von gegenüber schauen mich die kühe an,
sagen: lass uns blasse tage wiederkäuen
und wildblumenwiesen colorieren,
wassertropfen auf grashalme
wie perlenketten fädeln
zwischen bucheckern
verstecken sich schnecken
sieh zu, der himmel zieht zu
die bäume stehen aufrecht, doch
nachts träume ich von tapiren mit pfauenfedern
und einem huhn auf der treppe.

wüstung möbis
gemeinsam spielen die bäume im wald
mikado und das haus weicht, das haus
überlässt seine grundmauern, wem?
einem jungen soldaten und dem feldahorn
die kiefern schauen zu, sie warten
sie lauschen auf meine schritte im gras
behutsam strecken sie sich, nach wem?
dem ahorn, doch schau,
das haus gibt es nicht mehr, die tiere nicht mehr,
die himmelsteiche, die kühe, die kinder nicht mehr
schau der ahorn,
in seinem wurzelwerk finden sich ziegelsteine.

emma joerges (*02.07.2001, aufgewachsen in krefeld) macht gerade ihren master in klinischer psychologie in kassel. sie ist mitgründerin des kunst-netzwerks »kontra« und mag marina abramović, erdbeeren, offene fragen, einhörner und kaffee. sie ist auf verschiedenen lesebühnen unterwegs und war u. a. preisträgerin des 35. treffen junger autor*innen in berlin und lyrix-jahresgewinnerin 2023.

Isaak Kudaschov

wörter im mund

ich esse, wenn ich essig bin,
reiße mir die zunge auf,
verleibe mir wörter ein,
schneide mich an ihnen.
zahnfleischbluten, gewalt im mund.
manche wörter schreiben sich in den körper ein,
werden zu einer extragliedmaße, einem dritten arm,
einer zweiten haut, einem ersten gesicht,
einem ehrlichen gesicht vielleicht?
schwuchtel
zum beispiel.
einmal ausgesprochen, löst es sich nie wieder –
so wie der fettfleck von der kühlschrankflüssigkeit
auf meinem weißen t-shirt (fuck),
als wir den kühlschrank aus der zu-verschenken-gruppe
abgeholt haben
und du geblitzt wurdest,
weil du mit 50 durch die 30er zone gefahren bist
(ich hab es nicht mal gemerkt),
dieser fleck starrt mich seit vier jahren an.
weißt du noch,
als das meer den sand geleckt hat
und gott sagte: es werde licht?
ich wünschte, jemand würde mich lecken.
ich wünschte, mein laptop würde nicht überhitzen.
ich wünschte, intel optane memory service
würde nicht 40 % meiner rechenleistung verbrauchen.
ich wünschte, dieser eine typ aus dem chor
würde mir noch mal in den ausschnitt schauen –
aber dieses mal
würden meine brusthaare zurückschauen.
ich würde ihm confidently in die seele starren,
mich nicht schämen,
mich nicht schüchtern wegdrehen.

ja, genau.
tu doch nicht so.
du magst es doch auch.
ich hab doch auch augen.

Isaak Kudaschov (er/ihm, *2001) arbeitet meistens als Schauspieler (?) und studiert ab und an Performance in Gießen. Schreibt vor allem Lyrik und Texte fürs Theater + andere nicht-Orte, erschienen u.a in den Literaturmagazinen Literarische Diverse, transcodiert.

Elijah Felix Lakey

Kneipenabend

Und plötzlich hast du vier Bier, einen Shot Tequila, zwei Gin Tonics, noch einen Shot Tequila und irgendeinen anderen Drink weggeschluckt. Deine Sicht ist so verschwommen, als würdest du versuchen, spät nachts fernzusehen, aber mit einem Kleiderbügel als Antenne. Du fühlst dich wohlig warm von innen, bist dehydriert, und der Fremde neben dir (jetzt dein bester Freund) quatscht dir seit einer gefühlten Ewigkeit ins Ohr, erklärt dir, wie man eine Schicht Öl richtig auf alte Holzmöbel aufträgt. Und du musst zum elften Mal an diesem Abend pissen. Du sagst deinem besten Freund, dass du gleich wieder da bist.

Vorsichtig stolperst du Richtung Bad, wo ein Mann ungeduldig an die Tür der Frauentoilette hämmert, weil er, in seinem berauschten Zustand, nicht die avantgardistischen Geschlechtersymbole verstanden hat. »Mach schneller!«, fordert er, bevor eine kleine Frau herauskommt. »Falsches Klo, Fräulein!«, ruft er ihr hinterher. Du willst an ihm vorbei, dann taucht dein bester Freund aber plötzlich neben dir auf und drückt dir ein weiteres Bier in die Hand. Drinnen ist der Spiegel voller Sticker politischer Gruppen, Figuren aus Kinderserien und Graffiti-Schimpfwörtern. Das gelbe Neonlicht flackert, sodass der Dreck immer nur kurzzeitig zu sehen ist. Du wäschst dir die Hände, während der Geruch des WC-Steins schwer in der Luft liegt, und suchst danach wieder Gesellschaft.

Irgendwie sind fünfundvierzig Minuten vergangen. Du weißt nicht, wo dein bester Freund ist. Du sitzt an einem Tisch und spielst ein Kartenspiel mit ein paar weiteren Fremden, von denen zwei anfangen, sich gegenseitig zu beschimpfen. Sie stinken nach Bier. Beleidigungen fliegen über den Tisch. Du fühlst dich unwohl und entschuldigst dich, sagst, du musst los. Du hast kein Getränk in der Hand; das muss sich ändern. Du gehst zur Bar und kaufst dir noch ein Bier, bevor du gehst.

Es ist November und draußen riecht es nach nassem Laub und Zigarettenrauch. Die Straßenlaternen spiegeln sich in den kleinen Pfützen, die sich in den Ritzen des Gehwegs gesammelt haben. Es ist Samstagabend, die Gasse ist laut und voll mit Leuten, die essen und trinken. Du trinkst schnell dein Bier aus. Die Kneipe, in der du eben warst, war doch nicht so geil, denkst du. An der Ecke vor dem Marktplatz siehst du die Bar, in die du eigentlich wolltest. Von dort strömt gute Musik, und du gehst rein. Die Stimmung scheint besser zu sein, es ist laut, aber angenehm. An der Theke kaufst du noch ein Bier, guckst dich um und suchst dir einen Platz aus, egal wo.

In der Ecke sitzt eine Gruppe dicker weißer Männer. Sie stoßen ihre riesigen Bierkrüge zusammen.

»Jawohl!«, jubeln sie. Du lehnst dich in die Runde und sagst: »Guten Abend, Jungs! Warum so glücklich?« Sie lachen nur feucht und bösartig, und alle wenden sich von dir ab. Sie wollen dich nicht dabeihaben, aber Misserfolge sind dir auch schon egal.

Zum Glück musst du nochmal aufs Klo. Du fliegst fast hin, da die kleine Treppe, die zum Hinterraum führt, unerwartet kam. Wieder musst du warten. Die Tür geht aber bald auf, ein übler Geruch schwebt schnell mit raus, und da steht unerwartet dein bester Freund vor dir. Ihr lacht zusammen vor betrunkener Überraschung und packt euch gegenseitig an den Schultern. Du musst aber so dringend pinkeln, dass du ihn, ohne etwas zu sagen, unsanft zur Seite schiebst.

»Ey! Du Arsch. Was soll'n das?«, ruft er dir nach, während du das Bad betrittst. Du läufst raus und in dem Moment kommt dein bester Freund wieder um die Ecke. In der Zeit, in der du auf der Toilette warst, hat er euch schon wieder Bier geholt und scheinbar auch vergessen, dass er dich eben einen Arsch genannt hat.

»Lass raus, lass raus«, flüstert er dir mit schlechtem Atem zu. Er klingt beunruhigt. Ihr lauft durch die Rauchwolken, an den Männern vorbei. Draußen will er eine Zigarette anzünden, kriegt es aber durch seine Unruhe nicht hin. Du nimmst das Feuerzeug und hältst die Flamme vor die Zigarette.

»Was los mit dir?«, fragst du ihn, während er die Flamme durch die Zigarette einatmet.

»Ich krieg's nicht hin, ich krieg's nicht hin«, jammert er.

»Was meinst du? Die Zigarette? Ist doch nicht schlimm«, beruhigst du ihn, während du versuchst, aufrecht stehen zu bleiben. Es dreht sich alles.

»Eigentlich mag ich dich gar nicht«, gibt dein bester Freund zu. Du merkst, dass du ihn eigentlich auch nicht magst. Er lehnt sich zur Seite, greift an seinen Bauch. »Ich bin echt besoffen ... zum Glück.« Er fängt an zu husten. »Oh, mir ist schlecht.« Er stolpert davon, an den Straßenlaternen vorbei in die kalte Dunkelheit der Herbstnacht. Das Platschen seiner Schritte wird immer leiser.

Elijah Lakey, geboren 2001 in St. Louis, Missouri, lebt seit 2015 in Deutschland. Er studiert Deutsch als Fremd- und Zweitsprache (Hauptfach) und Erziehungswissenschaften an der Friedrich-Schiller-Universität Jena.

Tina Neumann

Gedichte

dein glas ist halb voll mit schönen momenten
auf schmierzetteln tickets und briefpapier
hast es stehen gelassen
zwischen würfel und globus

ich wusste nicht dass du
mit dem skateboard auf treppengeländern fährst
portugiesisch lernst

dass du immer noch gern an der koppel sitzt
wolken fotografierst

wusste nur dass du gut in mathe bist
im warten und am klavier

ich wollte nie auf der suche nach dir
meinen namen nicht finden
der globus steht still

die ecksteine sind vertauscht
aber ich kann nicht zaubern frage mich
ob das glas halb voll für dich war
mach nicht den deckel drauf

aus dem dritten stock der thulb
fällt mein blick auf einen filzhut

du hebst ihn auf in der stadt
in der ich schon lang nicht war
gehst über den augustusplatz
vorbei an der bibliothek

doch im off auf dem weg zur bahn
beim saaleufer sehe ich dich

du bist noch da am vorwerk vier
spielst du kontrabass oder civ
verschieben sich mails
oder kannst du nicht

ich muss weitermachen lass mich
tschüss sagen

sie will schnell was zum –
vati festnetz ruft an
der drucker geht nicht
neuer auftrag dringend bis morgen

sie bringt die kleine erst zehn nach
hat sport abgesagt
vati festnetz ruft an
zu wenige haken

sie nimmt eine dolormin
geht nicht ran ricky schreibt
ob sie am WE mit ihm anfahren übt
die kleine liest die geschichte vor

sie steigt über briefe der barmer
hat lange nicht IAF geschaut
bis eins blinkt das licht am pc –
fürs sandwich kein käse mehr da

Tina Neumann, 2002 geboren und in Meuselwitz (Thüringen) aufgewachsen, studiert seit 2021 Psychologie an der Friedrich-Schiller-Universität Jena, mittlerweile im Master. Sie war bereits von 2020 bis 2024 Preisträgerin beim Jungen Literaturforum Hessen-Thüringen und erhielt 2022 einen Förderpreis beim Eobanus-Hessus-Schreibwettbewerb. 2023 wurden einige ihrer Gedichte im »Literaturboten 143« veröffentlicht, 2024 in der Literaturzeitschrift »oda – Ort der Augen 2/2024« sowie im »Palmbaum 2/2024«.

Maya Symalzek

Wie im Buch

Als ich sechs Jahre alt war, erzählte meine Mutter mir Geschichten von Piraten mit guter Seele und Prinzessinnen mit Ambitionen und Mut.

Auch wenn sie versuchte, die großen Klischees zu vermeiden, schlich sich, so wie in jeder Geschichte, die Romantik in ihre Erzählungen ein.

Damals habe ich zum ersten Mal eine Ahnung davon bekommen, dass die Liebe, die ich für meine Mama hatte, nicht die einzige Art Liebe ist, die es gibt.

Als ich acht Jahre alt war, begann ich in Büchern abzutauchen.

Die Mädchen in den neuen Geschichten waren intelligent und lustig, und sie waren aus irgendeinem Grund immer zwölf.

Natürlich hatten sie alles, wovon ich in diesem Alter träumte: Abenteuer, eine beste Freundin und einen süßen Jungen, der sie mochte.

Die Welpenliebe, die in diesen Büchern beschrieben wurde, bekam einen Platz in meinen Träumen.

Und ich wollte nichts lieber, als endlich zwölf zu werden.

Als ich zwölf Jahre alt war, wurden die Mädchen in meinen Büchern plötzlich alle sechzehn. Sie hatten komplizierte Gefühle, erlebten Abenteuer, die immer gefährlicher wurden, und noch immer gab es einen Jungen, der sie mochte.

Die Welpenliebe wurde ernster, und die Mädchen in den Büchern begannen, die süßen Jungs zu küssen.

Küssen. Küssen schien plötzlich wie eine magische Droge, die all meine Probleme und negativen Gedanken auslöschen könnte.

Zwölf hatte sich für mich als sehr unmagisches Alter entpuppt, dafür leuchtete sechzehn in einem noch helleren Licht.

Als ich sechzehn Jahre alt war, wurden die Mädchen in meinen Büchern plötzlich zu Frauen. Sie waren zwischen zwanzig und fünfundzwanzig Jahren alt, und es schien kein bestimmtes magisches Alter mehr zu geben.

Die Gefühle meiner Heldinnen wurden komplizierter, ihre Abenteuer waren auf einmal emotionaler Natur, und die Jungs waren voller Gefahr.

Irgendwie schien gar nichts mehr magisch zu sein, aber ich krallte mich so fest an die Idee vom alles lösenden ersten Kuss, dass es bleibende Kratzspuren in meiner Seele hinterließ.

Jetzt bin ich achtzehn Jahre alt.

Die Mädchen und Frauen in meinen Büchern erleben emotionale Kämpfe, statt das Schwert zu schwingen.

Mittlerweile habe ich so gut wie jedes erste Mal erlebt.

Die Abenteuer, die beste Freundin, der Junge, der Kuss – das alles wurde zu meiner Realität.

Mein Leben wurde zu etwas, zu dem mein früheres Ich sofort im Regal gegriffen hätte.

Doch ich sehne mich noch immer nach dem magischen Funken, den man nur in Büchern finden kann.

Maya Symalzek, 2006 in Wien geboren, besucht die Freie Waldorfschule Jena und macht 2026 Abitur.

Anouk Waldenfels

Wenn der Regen

Wenn der Regen kommt, schließen wir die Augen. Wir setzen uns auf die großen Steine, die am Wegesrand liegen, und dann lassen wir ihn kommen. Er prasselt und trällert und tropft, und er darf unsere Nasenrücken entlangfahren, die langen, die krummen, die glatten, und er darf an unseren Spitzen hängen und erst nach einigen Sekunden sich fallen lassen in unsere Jackenkragen, die wir willkommenheißend angelehnt lassen. Und unsere geschlossenen Augen weinen manchmal, deshalb schließen wir sie. Aber es ist kein trauriges Weinen, es ist einfach nur etwas, das wir öffnen, das wir atmen lassen, und manchmal ist es vielleicht doch traurig, aber auch dafür sind wir dankbar. Und wenn der Regen vorbei ist, berühren wir die Schultern der anderen und erzählen einander vom Weinen und vom Regen und von dem, was wir im Regen verstanden haben. Dann schultern wir uns wieder, und unsere Füße versinken im Matsch und tragen immer etwas mit. Wir lauschen den Stelzen und Spechten in Bächen und Bäumen, und das Lauschen ist osmotisch, ist der Aufnahme gewidmet – wir nehmen das Gelauschte und platzieren es in uns.

Und so wandern wir uns zusammen. Mit jedem Schritt gehen wir gerader und gezielter, wir schärfen uns, und wir werden geschärft. Wir sind stark, und wir baden in unserer Stärke. Unsere Waden glänzen im Sonnenlicht, und die Grillen springen vom Weg, und wir wissen, sie reiben ihre Beine aneinander, und vielleicht sind sie es, die die Luft flimmern lassen. Und die Schultern lassen wir uns von der Sonne wärmen, aber auch ohne Sonne hätten wir keine kalten Schultern, denn wir haben nie kalte Schultern, und das ist, weil wir stark sind.

Auch in unserer Stärke brauchen wir Pausen. Wir verbringen sie schlafend, ziehen die Schuhe und Socken aus und lassen den Wind unsere Zehenzwischenräume durchstreifen, während wir im Traum die kommenden Wege vorausgehen.

Immer sind wir den Weg, den wir gehen, schon im Traum gegangen, und wenn wir aufwachen, sprechen wir leise flüsternd über die Träume und über das, was vor uns liegt. Ansonsten schweigen wir, laufen mit warmen Körpern von Bergkuppe zu Bergkuppe, kühlen in den Tälern die Körper in reißenden Bächen, aber lassen uns nicht aufhalten von den silberspringenden Fischleibern, den grünlichen Algen und den warmen Ufersteinen, wir wissen, dass sie warten, aber wir wissen auch, dass wir nicht bleiben sollen.

Das große Ziel kennen wir nicht, immer nur das des nächsten Abends, aber wie lange wir unterwegs sein werden, durch welche Gebirge wir uns noch schlängeln und welche Meere wir noch besteigen müssen, bis wir da sind, wissen wir nicht. Wir wissen, der nächste Tag kommt immer, und wir sind gewappnet für das, was er bringt. Das reicht uns.

Bis wir der Schäferin begegnen, und wir sie alle zum ersten Mal sehen und erst zwei Kilometer hinter der Stelle, an der wir sie gequert haben, die Erste fragt, ob wir sie im Traum gesehen hätten. Und wir antworten nein und nein und nein, und ganz kurz sind wir ein Chor, der laut nein sagt und der dann schweigt. Starken Schrittes gehen wir weiter, aber wir werfen uns Blicke zu, in denen wir versuchen, die glatten Augen der anderen zu lesen, und wir lesen wie in Spiegeln die Sorge und Unruhe.

Abends am Feuer bleibt die Unruhe und die Sorge, wir spüren sie in den Fingern und Haarspitzen und auf unseren Zungen, und auch der Rauch kann beides nicht verscheuchen. Aber wir wissen, wie damit umzugehen, und wir stimmen wieder im Chor ein, und wir klagen den Tag an, der uns betrogen hat, und dann klagen wir den Traum an, der uns verraten hat, und dann beklagen wir moosgrün unsere ungewisse Zukunft, die uns heute zum ersten Mal ins Zweifeln gebracht hat. Und dann werden wir still, und wir sind stark, und so haben wir Sorge und Unruhe weggeschickt, sie sitzen außerhalb dessen, was das Feuer erleuchtet, und während wir schlafen, hält immer eine Nachtwache und das Feuer hell.

Und wir wachen auf und haben geträumt, und wir sind erleichtert, und wir vertrauen dem Tag wieder. Aber wir sind auch vorsichtiger, unsere Augen sind gespitzt, sie halten Ausschau nach weiteren Unregelmäßigkeiten, auf die der Traum uns nicht vorbereitet hat. Und sie kommen, die Unregelmäßigkeiten. Alle Tage vergehen wachsam, trotzdem bringen uns die Unvorhergesehenen ins Straucheln. Die Ereignislosen lassen uns wieder Hoffnung schöpfen, dass nur etwas ausgerenkt war und dass es sich jetzt wieder eingerenkt hat, aber diese Tage werden weniger, immer öfter sehen wir Ziegenherden und Seen und Steinformen zum ersten Mal, und wir meiden sie und trauen ihnen nicht über den Weg.

Wir wissen, die erste Nacht ohne Traum wird kommen, und doch wachen wir zitternd auf, als sie da ist. Wir kriechen aufeinander zu, erst unsere Blicke und dann unsere Körper, bis wir uns neben der Feuerstelle zu einem Knäuel zusammenfinden und Arme auf Rücken legen und Köpfe in Schöße und mit klammen Händen durch Haare streichen, um uns einander zu versichern und unsere Stärke bei uns zu halten. Und trotzdem schwindet sie, wird kleiner, wir atmen sie aus und geben sie ab. Wir fossilieren.

Bis die Erste sagt, sie hat Hunger, und sie blickt in glasige Augen und sieht in ihnen wieder die Sorge, und sie entflechtet sich aus dem Knäuel, und eine Andere entflechtet sich auch, und gemeinsam kriechen sie los Richtung Proviant. Jede Bewegung wiegen sie ab, sehen sich um und inspizieren das Gras ganz genau, misstrauen jedem kleinen Halm und jedem Käfer, und wir schauen ihnen mit verhangenen Pupillen zu, wie sie in Zeitlupe die feindliche Welt betreten. Vögel fliegen auf, und die Dämmerung kommt, und beide finden den Weg zurück zu uns, und sie werden in unsere Mitte genommen, und sie dürfen essen und trinken, und dann dürfen sie liegen und atmen und sich erholen von alledem, was sie dort draußen zum ersten Mal berührt haben. Und wir singen ihnen Schlaflieder und reiben ihre kalten Füße, und wir bestaunen ihre Stärke und hoffen auf Träume in der Nacht. Und die Träume kommen nicht.

Aber der nächste Morgen kommt und der danach und der danach, die Tage beginnen langsam und ohne Fassung, wir sind eine Masse und wir blicken einander immer wieder in die Augen. Und wir kriechen aus dem Knäuel und vertrauen noch immer nicht dem Staub und den Vogelrufen, aber wir lernen, sie auszuhalten. Und wir ziehen immer weitere Kreise um unser Feuer, entdecken einen Bach, in dem wir baden, und eine Blaubeerwiese, und abends kommen wir wieder zusammen und legen uns die lilanen Finger auf die Schläfen. Wir schlafen ineinander gedreht, eng verschlungen, und unser Atem nimmt sich die Stärke zurück, zieht sie aus der kalten Nachtluft und legt sie wieder in uns hinein. Stärker werden wir, wir tauschen immer mehr Wachsamkeit gegen Vertrauen, und an einem hellen Morgen merken wir, dass es Zeit ist. Und wir suchen die Sonne über den Wolken und laufen ihr hinterher, und wir finden unsere Füße wieder und unsere singenden Münder. Und dann kommt der Regen, und er überrascht uns, kommt ohne Vorwarnung. Die grauen Wolken ziehen schnell und windgetrieben aus unseren Rücken, und wir finden Steine, um uns zu setzen, und öffnen unsere Jackenkragen, und wir sind froh, dass er da ist, und wir weinen, alle weinen wir mit unseren geschlossenen Augen, und es ist kein bisschen traurig, und wir tropfen und tropfen, bis sich der Regen drei Tage später verzieht.

Anouk Waldenfels, 2000 geboren in Berlin. Hat in Kassel eine Ausbildung zur Buchhändlerin gemacht und studiert jetzt Kulturwissenschaften mit Schwerpunkt Literatur.

Jimmy Walther

fördern und ordern

manchmal sind es 9–10 stunden am tag, wenn es schlimm
kommt. und immer frage ich mich, wann das alles mal ein
ende hat. mit 67? wenn ich im grab liege?

ich habe zwei jobs. ich arbeite in 'nem gasthof als
»bediene«. bedienebiene, hat mein alter chef immer gesagt.
der wichser.
ansonsten putz ich jetzt seit zwei monaten in der sparkasse.
löhne unterschiedlich. also, bisschen mehr wär schon
schön. weil zwei drittel davon die miete frisst. es ist der
18. des monats und am 20. schauen wir meistens, wofür
wir uns entscheiden. also für essen oder heizen. meistens
wird's das essen.

ich habe betti letztens einen kleinen plüschhund gekauft
und dieses ding war verantwortlich für tagelange
streitereien mit micha. am ende hat er's ja doch eingesehen.
»mein gott«, hab ich gesagt, »lass uns doch einmal ein
bisschen großzügig sein. die hat doch eh nichts von uns
den ganzen tag.«

dieses land ist vor die hunde gegangen. und die hartzer
stauben sich ein schönes leben ab, während ich und meine
freunde hier unsere zwei jobs schmeißen.
unsere nachbarn sind auch solche übelsten
totalverweigerer. die machen nichts den ganzen tag und
kaufen dann ein. aber nicht so normal, sondern der typ
geht zur aral und kauft da seine h-milch. ist doch krank
alles.
könnte ich auch machen. einfach gar nichts machen und
auf der couch lümmeln. und sich vom staat durchfüttern
lassen. bisschen assi-tv hier, bisschen h-milch da.
mach ich aber nicht, weil ich noch an leistung glaube,
weil ich mich und meine familie noch nicht komplett

aufgegeben hab.

macht mich das mutig oder einfach nur dumm? sind die hartzer am ende schlauer als ich? ich krieg für den stress auch bloß nicht mehr als die. mein lohn ist deren satz.

diese rechten sagen ja, man soll das für deutschland machen. ja, also ich weiß nicht, wie gesagt, ich mach das eher für meine scheiß miete und für mein kind.
aber manchmal denk ich auch, ich kann das nicht mehr so lange machen.

letztens gab's bei uns im gasthof einen stammtisch. »utopien-stammtisch« hieß das, von dieser neuen partei. manchmal hab ich so bisschen gehört worüber die geredet haben, wenn die was bei mir bestellt haben.
sehr schöne worte waren das und halt so'n sozi-weltversteher-kram.
mich fragt ja niemand nach meinen »utopien«. ich hätte auch gern 'ne hermés und ein dreistöckiges haus mit dachterrasse auf teneriffa.

aber die leute, die so was haben, haben ja auch bisschen was dafür gemacht. die haben sich halt angestrengt.
fänd ich jetzt auch nicht okay, die einfach so zu besteuern, denen das erbe wegzunehmen, eigentlich ist das diebstahl.
der vater von bettis schulfreundin hat sich letztens einen neuwagen gekauft. und der ist auch nicht besser dran als wir.
also irgendwie geht's ja doch.
es ist nur gerecht, dass die das haben, was sie sich halt erarbeitet haben.

Jimmy Walther, 2002 in Halle geboren, macht eine Ausbildung zur Maßschneiderin an der Käthe-Kollwitz-Schule Offenbach.